新しい科学の世界へ❸

# 自然災害
## そのメカニズムに学ぶ

【特別監修】
かわさき市民アカデミー学長
東京大学名誉教授　　太田猛彦

東京応化科学技術振興財団理事長
東京理科大学栄誉教授　　藤嶋　昭

**認定NPO法人かわさき市民アカデミー**

学長 **太田 猛彦**

「か」わさき市民アカデミー」は、大人の市民が年齢に関係なくいつからでも学べて、ものごとを深く考える材料を得たり、次々に現れる新しい知識を得たり、あるいは人と人とのつながりに参加して友達をつくることなどにより、人生を豊かにすることができる生涯学習の場として1993年に設立されました。

以来、豊富な知識と経験を持った大学の先生などが講師として迎えられ、高度な知識や新しい考え方を市民向けにやさしく講義して頂いています。学べる範囲は政治・社会、歴史・文学から音楽・美術まで極めて広く、自然科学や環境の分野、地域学としての川崎学も含まれています。特に科学・技術、環境などの分野が充実しているの

もアカデミーの特徴の一つです。

設立当時のかわさき市アカデミーは現川崎市生涯学習財団の運営でしたが、2011年からは市民のNPO組織が運営し、文字通り市民による市民のためのアカデミーになりました。また、このアカデミーで学んだ受講生の中には市内の小・中学校で出前授業を行って地域社会に貢献している方もおられます。

本書は「SDGs時代の環境・みどり・防災」という講座の中で、2021年に講義されたテーマの中から四つの話題を選び、中高生向けに易しく説明したものです。いずれも最先端の話題です。

きっと新しい科学の世界が広がるでしょう。

公益財団法人東京応化科学技術振興財団

理事長　**藤嶋 昭**

東京応化科学技術振興財団は、1987年東京応化工業㈱創始者である向井繁正氏により設立され、現在まで日本の科学技術の発展に寄与するべく活動してまいりました。

また、創立20周年を迎えた2007年には、青少年の理科離れにより技術立国日本の科学技術が衰退してしまうのではないかという危惧から、'理科や科学が大好きな青少年'を育成する活動を行っているボランティアの方々を助成する「科学技術の普及・啓発助成」を加えてまいりました。

本助成の素晴らしい活動成果を、小学校、中学校、高校の先生方やボランティアの方々に広く役立てていただけるものと考え

て、活動成果をまとめた「ヤングサイエンス選書①〜⑧」および、「開け！科学の扉①〜⑧」の2つのシリーズの発刊支援をこれまで行ってまいりました。

この度、引き続き助成してきている「かわさき市民アカデミー」にて開催されております様々な素晴らしい講座の中から、中高生向けに易しく説明を加え、「新しい科学の世界へ」（新シリーズ）として発刊支援することと致しました。

この本がきっかけとなって、科学の感動を味わいたいという青少年が一人でも多く現れることを願っております。

# CONTENTS

### CHAPTER 1

# 首都直下地震と
# 南海トラフ巨大地震への備え ・・・・・・・・・・

講師：平田 直（東京大学名誉教授）

### CHAPTER 2

# 地球環境と巨大森林火災 ・・・・・・・・・・・・・・・・

講師：熊谷朝臣（東京大学大学院教授）

### CHAPTER 3

# 土砂災害の実態と対策 ・・・・・・・・・・・・・・・・・

講師：太田猛彦（東京大学名誉教授）

### CHAPTER 4

# 流域治水構想について ・・・・・・・・・・・・・
― 2つの河川の話 ―

講師：石川忠晴（東京工業大学名誉教授）

# 自然災害
## そのメカニズムに学ぶ

# 日本の自然災害と防災対策の重要性

太田 猛彦（東京大学名誉教授）

## 自然災害に襲われる日本

日本列島は、ユーラシア大陸の東側に位置する温帯の島国で、世界でもきわめて特殊な地域にあります。その国土や植生は変化に富んでいる一方で、先進国の中で最も自然災害の多い地域でもあります。

日本のおもな自然災害は、大きく分けて3つあり、1つ目は地震活動と地震災害、2つ目は火山活動と火山災害、3つ目は台風・前線活動と豪雨災害です。

火山災害と地震災害が多い理由は、日本列島が常に移動を続けているプレートの沈み込み地帯にあるためです。火山はプレートの沈み込み境界から80kmほどの火山帯に配列し、噴火と降灰・火砕流・溶岩流などをもたらします。また、地震はプレートの沈み込み境界から500km以内で発生しており、活断層の活動と内陸型地震、海溝型（海底）地震と津波などをもたらします。

● プレートの境界に位置する日本列島

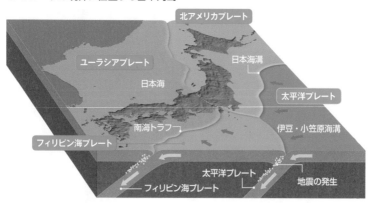

台風や豪雨災害は、アジアモンスーン気候で降水量が多いことや、台風の通り道に位置していることなどが原因です。豪雨の頻発は、河川の氾濫や土砂災害などをもたらしています。

● つねに火山噴火の可能性がある日本列島

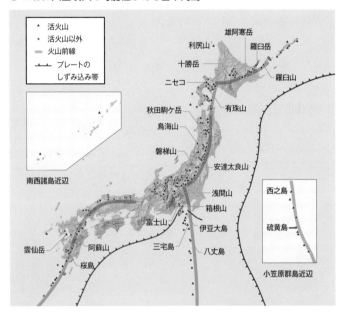

● 台風の通り道に位置する日本列島

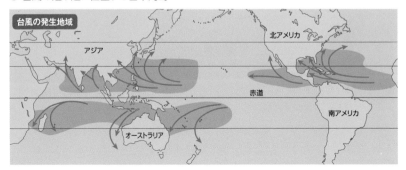

# 地球温暖化による森林火災、台風・豪雨災害が増加

地球温暖化が原因とされる異常気象によって、アメリカの西海岸やオーストラリア、ロシアのシベリアなどでは、大規模な森林火災が発生し、大きな問題となっています。日本でも2021年3月に栃木県足利市でフェーン現象による大規模な森林火災が発生しました。

日本で最も地球温暖化の影響を受けている自然災害は、台風・豪雨災害です。大雨をもたらす積乱雲が次々と帯状に発生する「線状降水

● 多発する巨大森林火災の例

シベリア森林火災

★2018年7月前半発生
　ロシア連邦サハ共和国

米カリフォルニア州森林火災

★2015年〜2021年など
　ビュート郡など

オーストラリア森林火災

★2020年1月発生
　ニューサウスウェールズ州など

アマゾン森林火災

★2019年8月に約4000
　アマゾンの熱帯雨林

帯」という言葉も有名になりました。2017年7月の九州北部豪雨災害、2018年7月の西日本豪雨災害、2019年10月の東日本台風災害、2020年7月の球磨川水害、2021年の伊豆山土石流など、毎年、各地に大きな被害をもたらしています。

● 2011年以降で特に被害が大きかった自然災害

2018.9.6
北海道胆振東部地震

2019.10
令和元年東日本台風災害⑥

✕ 地震・津波
✕ 火山噴火
✕ 洪水
✕ 土砂災害

2020.7
令和2年7月豪雨⑧

2011.3.11
東北地方太平洋沖地震
（東日本大震災）

2011.7
新潟・福島豪雨②

2014.9.27
御岳山水蒸気噴火

2015.9
関東・東北豪雨③

2018.6.18
大阪北部地震

2021.7.3
伊豆山土石流

2012.7
九州北部豪雨災害①

2014.8.20
広島市土石流

2017.7
九州北部豪雨災害④

2018.7
西日本豪雨災害⑤

2016.4.14
熊本地震

2020.7
令和2年7月豪雨⑧

2020.7
球磨川水害⑦

2011.1.27
新燃岳噴火

※水害の×印は、特に被害が大きかった地域

9

# 自然災害に対する正しい知識と備えが重要

　火山災害と地震災害は、日本列島に暮らす限り今後も備えが必要な災害であり、特に近い将来必ず起こるとされている首都直下地震や南海トラフ巨大地震については、2011年3月11日に起きた東日本大震災の経験を活かした対策が重要とされています。

　地球温暖化の影響による気候変動で、台風・豪雨災害は毎年その被害を拡大させています。洪水や土石流から命を守るには、住んでいる土地の危険性をハザードマップなどで確認しておくことが重要です。

　繰り返し起きる日本の自然災害は、正しい知識と備えによって減災できるのです。

## 日本は自然災害が起こりやすい

- 明日にも起きる…火山災害、地震災害（津波）
- 地球温暖化で増加…台風・豪雨災害、森林火災

## 正しい知識と備え

- 耐震工事、家具の固定、水・食料の備蓄など
- ハザードマップ、避難訓練など

## 減災

### CHAPTER 1

# 首都直下地震と南海トラフ巨大地震への備え

講師：平田 直（東京大学名誉教授）

1995年、兵庫県南部地震で倒壊した高速道路

# 不確実性が増大する時代

## パンデミック・テロ・自然災害

わたしたちの生活は、新型コロナウイルス感染症の世界的な蔓延によって一変してしまいました。新型コロナウイルスとの関連も含めて、不確実性を増す社会での地震への備えをお話します。

最初に、不確実性が増大する時代とは何かについてお話しします。2009年4月に、イタリアのラクイアでマグニチュード6.3（以降M6.3と表記）の地震が発生し、多くの死者が出ました。この地震の発生前には多くの中小の地震が発生していました。1回目の強い地震の後に国の委員会が開かれて、今後の予測が話し合われた際、「大丈夫でしょう」ということになりました。委員会には地震学者も含まれていました。と

ころが、安全宣言ともとれる発表をした後に地震が起きて、多くの死者が出ました。そのため裁判になり、委員会の委員として参加していた地震学者も訴えられ、第一審で有罪になりました。この報道に世界中の地震学者が驚き、また、安全宣言だと受け取られる発言をした行政官、不正確な報道をしたメディアにも問題があったとされて大きな話題になりました。不確実な科学的な知見を社会が適切に扱うことの難しさが改めて認識されました。

この時、現代の世界の脅威は、1、パンデミック（地球規模の感染症）2、テロ（政治的テロ、飢餓）3、自然災害の3つだと科学者たちが発表しました。このことは、2014年時点で世界の常識でした。

● **全世界的な脅威** （2009年1月～4月のラクイア群発地震後の国際シンポジウム）

| | |
|---|---|
| 1 | 地球規模感染症（パンデミック＝pandemic） |
| 2 | テロ（政治的暴力）、飢餓 |
| 3 | 地震・火山・風水害等の自然災害 |

## 感染症に対する取組みが遅れた日本

パンデミックは医学用語で、世界的に流行する感染症のことです。14世紀のペスト、その後のコレラ、スペイン風邪（インフルエンザ）などがそれに当たります。当時は、菌もウイルスもよくわからない時代でしたので当然ワクチンもできず、自然に集団免疫ができて終わる時代でした。最近では鳥インフルエンザが鳥から人にうつり、重い病気になりました。

2014年の会議では、新型鳥インフルエンザがパンデミックになると1億5,000万人がなくなると話題になりましたた。その後、エボラ、SARS、MARSなどが流行しましたが、ひどいパンデミックにはならな

いというのが日本の一般的な捉え方で、日本は感染症に関する取り組みが遅れていました。その点、アメリカは感染症対策が進んでいたので、新型コロナのパンデミックでは、わずか1年でワクチンを開発しました。

わたしたちの社会は今、新型コロナウイルスの影響が増大し、ワクチン接種が進んでいます。集団免疫を獲得できれば、新型コロナウイルスによるパンデミックはある程度収束することが予想されます。ただし、2019年から体験している、テレワークなどが推進される社会は、以前のようには決して戻らないと考えられます。

● 新型コロナウイルス感染症以前のおもなパンデミック

▶ ペスト（14世紀に欧州で流行）
▶ コレラ（19世紀以降7回の大流行）
▶ スペインインフルエンザ（1918 〜 1919年）
▶ H5N1型鳥インフルエンザウイルスから出現する新型インフルエンザ（2003年〜）
▶ エボラ出血熱（1976年〜）

## パンデミックと巨大地震が同時に起きたら

ウイルスは、人類よりもはるか昔から存在しています。人間がワクチンを作ると、そのワクチンが効かないウイルスが登場し、人間とウイルスの戦いは終わりません。新しい感染症には社会が適切に対応しなくてはなりません。グローバル社会である現在は、感染症に対するリスクはさらに増大しているのです。

そんな今、明日大きな地震が起きでも何の不思議もありません。特に日本は、地震、火山、風水害のリスクが高く、全世界的脅威の3つのうちの2つ、パンデミックと自然災害の2つにさらされています。

この状況下でM7の首都直下地震が起きたとき、どうやって生き延びるのかが大変重要です。新型コロナウイルスの影響が増大する社会での防災が重要なのです。

下の図は、新型コロナウイルス感染症の被害と、首都直下地震が起きた時の被害を比較したものです。2021年9月13日現在、世界で約460万人がパンデミックのために亡くなりました。100万人以上が亡く

● 首都直下地震とパンデミックの被害想定

| | 首都直下地震（M7クラス） | パンデミック（COVID-19） |
|---|---|---|
| 発生時期の予測可能性 | 首都圏（南関東域）で30年以内に70% | 発生予測困難 |
| 直接被害の空間的範囲（曝露範囲） | （日本の）首都圏 | 全世界（特に都市部） |
| 直接被害 | 死者（予想）2万3千人<br>全壊・焼失（予想）61万棟 | 世界の死者：約460万人（2021.9.13.）<br>感染者：約2億2千7百万人<br>日本の死者：1万6805人<br>感染者：164万976人 |
| 間接被害 | 経済被害予想<br>約95兆円 | 全世界2年間で約1300兆円<br>（IMF,2020年6月24日）<br>日本：～90兆円 |
| 事業継続 | 首都機能への被害：<br>長期的な影響<br>＋ 全国への波及 | 不確実性の増大<br>事業の業務量の変動<br>戦略的な事業の縮小、新たな事業展開を模索 |

なったのは、とんでもないことだと感じます。感染者は2億2700万人、日本でも1万6000人以上が亡くなっています。

パンデミックに対しては、適切に備えることで被害を少なくできます。何も備えをしていないと多くの人が亡くなります。このことは、首都直下地震が起きた場合にもあてはまります。

内閣府は、首都直下地震が起きると、最悪2万3千人が犠牲になり、経済損失は95兆円にのぼるとしています。現在進行中のパンデミックによる経済損失は90〜100兆円です。現在のパンデミックの影響はこの先も長く続きます。また、地震は20秒ほどですが、その影響も長く続きます。パンデミックで私たちが感じている閉塞感やダメージをさらに大きくすることが首都直下地震によって起きます。

また、南海トラフは関西の太平洋沖にあり、ここで東日本大震災のような地震が起きると考えられています。この被害による死者は、国は32万人、経済損失は、首都直下地震の倍以上になると予想しています。

何も準備しないと32万人もの人が亡くなりますが、きちんと対応すれば5分の1の6万人くらいになると考えられています。

● 新型コロナウイルス感染症 (COVID-19) の影響

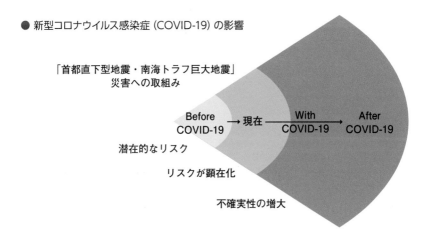

# 2011年3月11日の地震の影響

## 東北地方太平洋沖地震と その後の余震

　この不確実性の時代に私たちが経験した最も大きな出来事は、東日本大震災です。2011年に起きたこの震災は、地震の名前としては東北地方太平洋沖地震と言います。この地震は空間的にとても大きい地震でした。日本列島の東側の広い範囲が影響を受けました。

　2016年の熊本地震と比較すると（下図）、熊本は差し渡し50km、東北は差し渡し500kmで強い揺れになりました。強く揺れた面積が熊本地震の100倍です。

　地震の地下での出来事は数分で終わりますが、この地震は時間的にも大きいもので、その影響は10年たった今でも続いています。たくさんの余震が発生し、地震後半日のうちに、M7を超える余震が数回、そして今でも余震は続いています。2021年2月13日には福島県沖でM7.3、3月20日にもM6.3が起きています。M7.3は、熊本や神戸で起きた地震と同じ規模です。ただし、海で起きているので、陸地では強く揺れた範囲が小さかったのです。

● 2011年東北地方太平洋沖地震の大きさ

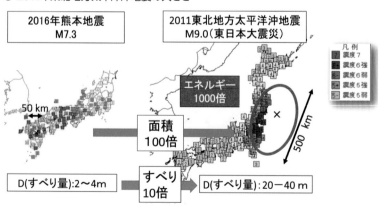

今後首都直下地震として想定されているのがこのようなM7クラスの地震です。

大きな地震の後の余震の数は、経過時間に反比例して減っていきます。最初はどんどん減っていくのですが、しばらくするとあまり減らなくなります（下図）。

世の中には、指数関数的に減る現象があり、放射能の減り方がそれにあたります。一方、余震は反比例なので、なくなるのに時間がかかります。時々数が増えているのは、大きな余震が起きると、その影響でまた余震がふえる（二次余震）ためです。連鎖的に起きるので、これをETAS（Epidemic Type Aftershock Sequwnce）モデルという統計モデルで表すことがあります。このEは、Epidemicの略で、直訳では「伝染性余震モデル」となります。1回起き、その影響が後々まで続く現象で、感染症と地震もその現象にあたり、地震学者が感染症の数を予想することもあります。

余震の数は最初の1年と比べると1/20から1/30と減っていますが、地震前の状態には戻っていません。10年後の余震の数は数式によって計算できます。2004年インド洋での大津波を起こしたスマトラ沖地震の余震はまだ続いています。また、2010年にチリで起きたM8.8の地震の余震も続いています。

防災上では、東北沖合で、もう大きな地震は起きないと思ってはいけません。まだ起きると考えることが重要です。

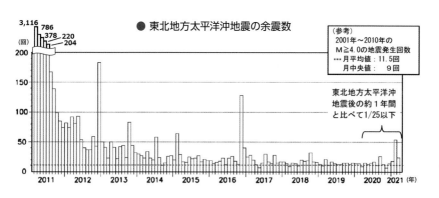

● 東北地方太平洋沖地震の余震数

（参考）
2001年〜2010年の
M≧4.0の地震発生回数
‥‥月平均値：11.5回
　　月中央値：　9回

東北地方太平洋沖
地震後の約1年間
と比べて1/25以下

3,116　786
378　220
204
（回）

17

## 東北地方太平洋沖地震の影響は今も続いている

東北地方太平洋沖地震の地殻変動についての話をします。

国土地理院は、GPSを使って全国1400箇所（20kmにつき1箇所）の観測点の位置を毎日計測しています。その精度は、地面が5mm動くだけでも正確に記録できます。

太平洋プレートは1年間に10cmずつ、髪の毛が伸びるくらいの速さで西に動いているため、日本列島は東西に圧縮されていて、東北地震以前、東北地方は1年間に1〜2cm縮められていました。そのため東北地震発生の3分間で牡鹿半島は東に5.4m動きました。500〜600年くらいかけて縮んでいたものが反動で伸びたのです。さらに、驚くことに地震後に、プレートがはねたなごりが残り、東北地方は今も東西に延び続けています。いずれは再び縮み始めますが、10年程度では元には戻りません。

水平方向の移動のほかに上下変動もあります。地震前、三陸海岸はじわじわ沈降していました。それが地震の時に、さらに大きく沈降しま

● 東北地方太平洋沖地震前後の陸地の移動

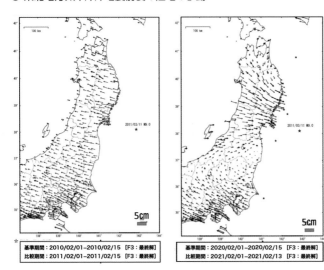

した。地震後には隆起に転じましたが、現在でもまだもとには戻っていません。こうした大きな地殻の移動が記録されたのは今回が最初です。

日本では、海上保安庁が海底の位置も正確に保存しています。海底で測ると牡鹿半島沖では何10mも動いたことがわかっています。地震後数年たつと観測点によっては、あるものは東に動き、あるものは西に動いています。

原因ははっきりしませんが、プレートの境界で引き続き動いていて、プレートでは、最初の動きを追いかけるような動きがあることがわかってきています。

● 東北地方太平洋沖地震後の
　上下の地殻変動

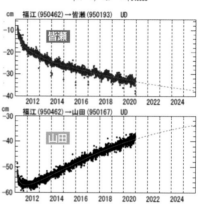

● 東北地方太平洋沖地震後の海底の地殻変動

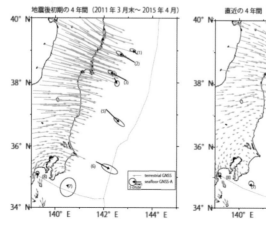

# 最近の地震被害

## 近年の日本は
## 地震被害が多発

　2019年、山形県沖でM6.7の地震が発生しました。家が壊れ、けが人が出ました。

　2018年、同じ規模の地震が北海道で起きました。この地震では40名以上の方が亡くなり、北海道全域で停電になりました。北海道最大の火力発電所が被災し、電力供給ができなかったためです。本州からの電力供給のシステムもうまく働きませんでした。この地震の教訓が2つあります。

・M6.7（M7以下）だったにもかかわらず、多くの人が亡くなった。

・北海道全域が停電になった。

　厚真町の死者36名は、土砂崩れによるもので、夏の台風によって雨がたまり、9月の地震で崩れた複合災害です。

　2018年大阪北部地震はM6.1、最大震度6弱で5名が亡くなりました。この時はエレベーター約5万

● 最近のおもな地震被害

| 地震名 | 発生年月日 | 規模 | 最大震度 | 被害状況 |
|---|---|---|---|---|
| 山形県沖地震 | 2019.6.18 | M6.7 | 6強 | 重傷者8名、<br>建物損壊780以上 |
| 北海道胆振<br>東部地震 | 2018.9.6 | M6.7 | 7 | 死者41名、<br>北海道全域停電 |
| 大阪北部地震 | 2018.6.10 | M6.1 | 6弱 | 死者5名、負傷者435名<br>ガス供給停止約11万戸<br>エレベーター閉じ込め339件 |
| 熊本地震 | 2016.4.14 | M7.3 | 7 | 死者273名<br>全壊8667棟 |

基（近畿地方のエレベーターの約半分）が止まり、300人以上が閉じ込められました。（通常、エレベーターは強い揺れを感じると最寄りの階で止まり、ドアを開けられる仕組みになっています。）

東北地震の後、1か月以上経ってもエレベーターが動かないマンションがありました。一度止まったエレベーターは、安全確認点検のために再開するまでに時間がかかる場合があるのです。エレベーターが止まっても大丈夫なように、水、食料を備蓄することが必要です。

下の写真は熊本地震の時に私が益城町で撮ったものです。このように全壊になった家は、8000を越えました。耐震化されていない家が壊れ、大勢の人が下敷きになりました。亡くなった273名のうち、家の倒壊など、地震の直接の影響で亡くなった方は50名、残りの220名余りは災害関連死＝地震が起きなかったら亡くならずにすんだ死（避難所で持病などの病気悪化など）です。直接崩壊などで亡くなった方の4倍以上の方が災害関連死でなくなっていることは、わたしたちの社会がまだできることがあるということを考えさせられます。

2016年5月、熊本県益城市の様子（撮影：平田直）

## M7以上の地震は
## 150年間に200回以上

　M7以上の地震は、明治時代から熊本地震までの150年間に200回以上起きています。また、日本及びその周辺で、M7程度の地震は1年に1〜2回起きています。

　つまり、これから先も1年に1回はM7程度の地震が起きることが予想されます。海で起きれば被害は少ないのですが、市街地の直下で起きると大変な被害になります。

　ここ10年間で起きたM6以上の地震を見ると、多くは海で起きていますが、内陸で起きることもあります。

　一方、震度が6弱以上の地震がこの10年間どこで起きているかを調べると、内陸で多く起きています。地震は、震源から遠くなると揺れが小さく、近いと揺れが大きくなります。東北地方太平洋沖地震のような非常に大きな地震は海で起きます。南

● 1868〜2016年（148年間）に発生したM7以上の地震

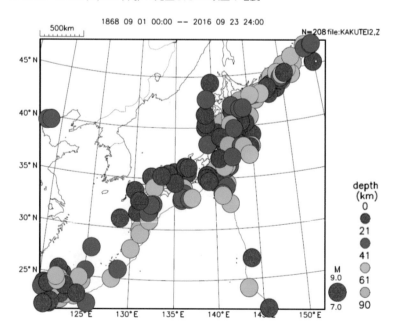

海トラフ巨大地震も海で起きます。海域の浅い大きな地震では、津波が発生します。

首都直下地震はM7程度の地震（内閣府の想定はM7.3）で、これが東京の南で起きると、強い揺れにさらされる建物や人口が多く、被害が大きくなります。

日本全国では、M7程度の地震が1868年（明治元年）から2016年までに208回起きています。頻度は年に1〜2回程度です。

範囲を首都圏に限ると、過去に茨城県の霞ケ浦から南は房総半島南端、西は小田原150km四方で、100年に5回、200年に10回くらいM7程度の地震が起きています。

1923年の関東大震災はM7.9で、死者10万人以上、そのうち9割が火災で亡くなりました。それ以前の1703年、江戸時代に起きた地震がM8.3で、関東大震災まで約200年ですので、200年に1回はM8程度の地震が起きることになります。

今後30年以内にM7程度の地震が首都圏で発生する確率は、70%程度になります。M8程度では最大で5%程度になります。

● 2011〜2021年（10年間）に発生した震度6以上の地震

深さ0〜30km
深さ30〜100km
深さ100〜300km
深さ300km〜

| 地震の起きる場所 | 地震の頻度 | 最大規模 | 市街地までの距離 | 曝露量（最大規模） | 最大被害 | 津波 | 地震学的な環境 |
|---|---|---|---|---|---|---|---|
| 海域 | 多い | 巨大〜超巨大 (M9) | 遠い | 巨大 | 甚大 | 有 | プレート境界付近 |
| (浅い)内陸 | 少ない | 〜巨大 (M8) | 近い | 巨大 | 甚大 | 無 | プレート内 |

# 首都直下地震：M7クラス

## 首都直下地震の規模と被害予測

　内閣府は、首都直下でこれから起きる地震を、M7程度の地震としています。この程度の地震は、日本では1年に1回くらい発生しています。2021年にも、2月にM7.3、3月にM6.9の地震が、東北地方の太平洋沖で起きています。これらは、2011年の東北地震の余震で

す。もし、これらが海底ではなくて、仙台市直下で起きていたら、大変な被害が出た可能性があります。

　地震学では、次にどこで地震が起きるかは予測できませんが、どこでどんな地震が起きたらどうなるかを予測することはできます。

● 首都直下地震（M7.3以上）が起きた場合に揺れる範囲　（内閣府）

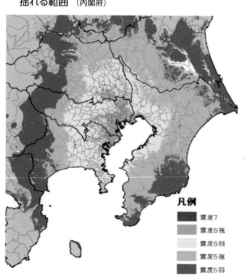

凡例
震度7
震度6強
震度6弱
震度5強
震度5弱

● 首都直下地震（M7.3以上）が起きた場合の人的被害

死者：最大約23,000人
負傷者：最大12,300人

▶死者数の内訳

ブロック塀等の倒壊
500人
2%

建物倒壊等
6,400人
28%

火災
16,000人
70%

下の図は、首都直下地震が起きた場合の揺れの予測です。震源に近いところがたくさん揺れます。

震度6弱以上になる（黄色）面積が4500平方km、1都3県の約3割の面積です。

震度6弱以上になると耐震化されていない家屋は倒れます。建物の被害は、61万棟が全壊、焼失するとされています。

次に人的被害ですが、都心南部で、冬の風の強い夕方にM7.3の直下地震が起きると、最悪のシナリオで死者が23,000人出るとされています。これは、東日本大震災で亡くなった人、行方不明になった人とほぼ同じ数です。人口が多いことから、揺れる面積は1/100でも被害は、東日本大震災と同じくらいになります。

● 首都直下地震（M7.3以上）が起きた場合の、全壊・焼失棟数 （内閣府）

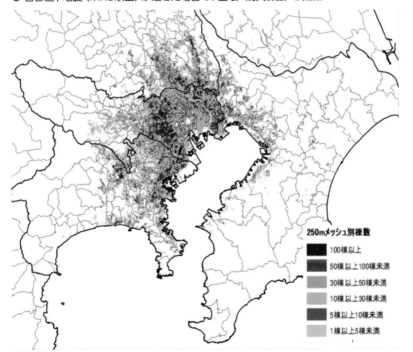

250mメッシュ別棟数

100棟以上
50棟以上100棟未満
30棟以上50棟未満
10棟以上30棟未満
5棟以上10棟未満
1棟以上5棟未満

## 被害を少なくするには 耐震工事と初期消火

全壊・焼失棟数地図（前ページ下図）には、山手線の外側にリング状に赤い部分があります。ここは耐震化されていない家がたくさんある地域（28箇所）で、23区の面積の約1割にあたります。また、23区に住んでいる人の約2割がこの地域に住んでいます。この地域、いわゆる木密地域は、6500ヘクタール（2019年）あるとされています。木密地域で1件から火が出ると、周りに燃え移ってしまいます。そこに住んでいる人の家の耐震化率が重要です。個人の財産ですので、世帯主が必要なしとすると行政は何もできませんが、行政が耐震化を補助することが重要です。

延焼は2日間燃えると予想されて

● **首都直下地震のおもな被害の様相と経済的損失**

▶地震の揺れにより木造住宅を中心に多くの建物が損壊する。

▶火災が同時に多数箇所で発生し、延焼が2日程度継続する。

▶震度6弱以上の広い範囲で、断水が生じ、下水道が使用できない。

▶発災当初、停電が約5割程度の範囲で発生。火力発電所の停止により、電力供給量が半減し、不安定な状態が1週間以上継続する。

▶携帯電話・固定電話の音声通話はほとんど使用できず、メールは遅配が発生する。
　ネットは概ね使用できるが、サーバーの電源確保が重要である。

▶主要道路の啓開には、少なくとも1～2日を要し、都区部の一般道は極度の交通麻痺が数日間継続し、厳しい渋滞は数週間継続する。

▶地下鉄は1週間の運行停止、JR在来線及び私鉄の運行停止は1か月程継続する可能性がある。

▶**資産等の被害【被災地】**
　（合計）47.4兆円
　・民間部門 42.4兆円
　・準公共部門（電気・ガス・通信、鉄道）0.2兆円
　・公共部門 4.7兆円

▶**経済活動への影響【全国】**
　・生産・サービス低下に起因するもの 47.9兆円

▶**合計**
　（資産等の被害＋経済活動への影響）
　95.3兆円

いて、あちこちで火災が起きると消防車が足りなくなります。消防車は法律で台数が決まっていますので、通常時には必要な台数はありますが、首都直下地震時には不足してしまいます。

天井まで火が回ると、一般人は消火できませんので、初期消火が重要となりますので、消防訓練にはぜひ参加してほしいと思います。

JRは1か月くらい止まります。経済損失は93兆円にも上ると予測されています。

● 首都直下地震被害を想定した整備地域

凡例
整備地域（約6,500ha）
整備地域から除外される地域
地区内残留地区と重複している地域
防災性が確保された町丁目
※2020年度推計

整備地域
1. 大森中地域
2. 西蒲田地域
3. 羽田地域
4. 林試の森周辺・荏原地域
5. 世田谷区役所周辺・三宿・太子堂地域
6. 北沢地域
7. 南台・本町(渋)・西新宿地域
8. 阿佐谷・高円寺周辺地域
9. 大和町・野方地域
10. 南長崎・長崎・落合地域
11. 東池袋・大塚地域
12. 池袋西・池袋北・滝野川地域
13. 大谷口周辺地域
14. 千駄木・向丘・谷中地域
15. 西ヶ原・巣鴨地域
16. 十条・赤羽西地域
17. 志茂地域
18. 荒川地域
19. 浅草北部地域
20. 千住地域
21. 西新井駅西口一体地域
22. 足立地域
23. 北砂地域
24. 墨田区北部・亀戸地域
25. 平井地域
26. 立石・四つ木・堀切地域
27. 松島・新小岩駅周辺地域
28. 南小岩・東松本地域

防災生活道
河川・海
行政区域境界線
JR線

（1）延焼遮断帯の形成

| | 目標<br>（2030年度） | 現状<br>（2017年度） |
|---|---|---|
| 整備地域内の延焼遮断帯の形成率 | 75% | 65% |
| 特定整備路線 | 全線整備<br>（2025年度） | ― |

（2）市街地の整備

| | 目標 | | 現状<br>（2016年度） |
|---|---|---|---|
| | （2025年度） | （2030年度） | |
| 整備地域全28地域のうち<br>不燃領域率70%以上の地域数 | 半数以上 | 全地域 | 4地域 |
| 重点整備地域の不燃領域率<br>（不燃化特区53地区） | 全地域70%を目指しつつ、各地域で10ポイント以上向上※ | ― | 重点整備地域全体の不燃領域率56% |

※最新の調査結果である2016年度からの上昇分

# 南海トラフ巨大地震：M9クラス

## M9クラスが予想される南海トラフ巨大地震

　次に南海トラフ巨大地震について見ていきます。

　過去の記録を見ると、南海トラフ巨大地震は、繰り返し起きています。明確な史料としては、684年の強い揺れ、津波などの記録が残っています。

　古い時代では、200年に1回起きていますが、もれている記録もあるでしょう。

● 歴史上の記録から見た南海トラフ巨大地震の震源域

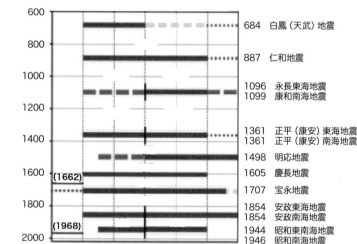

西暦（年）

| | | | | |
|---|---|---|---|---|
| 684 | 白鳳（天武）地震 |
| 887 | 仁和地震 |
| 1096 | 永長東海地震 |
| 1099 | 康和南海地震 |
| 1361 | 正平（康安）東海地震 |
| 1361 | 正平（康安）南海地震 |
| 1498 | 明応地震 |
| 1605 | 慶長地震 |
| 1707 | 宝永地震 |
| 1854 | 安政東海地震 |
| 1854 | 安政南海地震 |
| 1944 | 昭和東南海地震 |
| 1946 | 昭和南海地震 |

(1662)
(1968)

日向灘　　南　海　　　　東　海

確実な震源域
確実視されている震源域
可能性のある震源域
説がある震源域
津波地震の可能性が高い地震
日向灘のプレート間地震（M7クラス）

最近では100年に1回くらい、1948年、1605年、1707年、1854年、1944/1946年に起きています。

計算によると、今後30年以内に南海トラフでM8〜9くらいの地震が起きる確率は70〜80%（地震調査研究推進本部）です。近いうちにほぼ確実に東日本大震災を起こした巨大地震と同じ規模の地震が起きるのです。

この巨大地震が起きれば、神奈川から鹿児島まで強く揺れます（下図）。また、遠くまで揺れが伝わる長周期の揺れが発生します。

● 南海トラフ巨大地震発生時の揺れの範囲

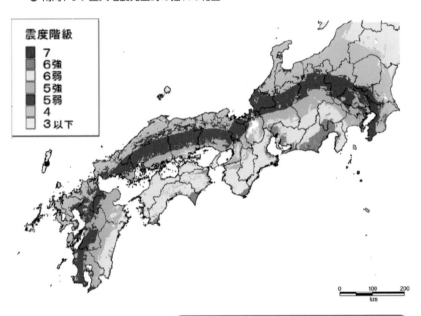

震度階級
7
6強
6弱
5強
5弱
4
3以下

0  100  200
km

次に起きる南海トラフ巨大地震

★領域：南海トラフ全域（神奈川県〜鹿児島県）
★規模：M8〜9クラス
★30年以内発生確率：70〜80%

## 津波の被害が予想され、約32万3000人が亡くなる?

　また、南海トラフ巨大地震では、高い津波が沿岸部を襲います。高知県の黒潮町で最大の高さ34mの津波が予想されます。30cmの津波でも大人が引き波で沖にさらわれてしまいますし、1mの津波で車は流されます。3mの津波では在来工法の家は浮き上がって流され、１０m

の津波で普通の家は流されます。防潮堤の高さは普通3m程度ですので、防潮堤があるところでは、1mくらいの津波では被害が出ませんが、注意が必要です。

　内閣府は南海トラフ巨大地震でおよそ32万人が亡くなると予想しています。大都市の名古屋、大阪などが含まれ、強い揺れと高い津波にさらされる地域が多いです。

● 南海トラフ巨大地震で予想される津波の高さ (最大)

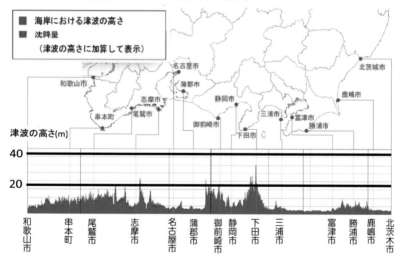

● 東日本大震災と南海トラフ巨大地震との比較

|  | マグニチュード | 浸水面積（km²） | 浸水域内人口（人） | 死者・行方不明者（人） | 建物被害（全壊）（棟） |
|---|---|---|---|---|---|
| 東日本大震災 | 9.0 | 561 | 約62万 | 約22,152 | 約121,776 |
| 南海トラフ巨大地震・災害 | 9.0 (9.1) | 1,015 | 約163万 | 約323,000 | 約2,386,000 |

## 地震＋極端な気象＋感染症の複合災害

　日本でいちばん犠牲者が多かった自然災害は関東大震災です。

　1923年9月1日11時58分に地震が発生しました。この日の朝、台風が日本海沿岸を進んでいました。台風の中心気圧は朝6時の時点で997ヘクトパスカルで、関東地方に南南西からの強い風をもたらしました。地震発生直後の12時には、東京で風速12.3m/sでした。

　台風が東に進むにつれ、風向きは西風、北風と変わって、夜には最大風速は22m/sまで強まりました。

　この風の強さと風向きの変化によって、火災の延焼が広範囲に広がり、被害を大きくしたのです。

　10万人を超える死者の9割以上が火災で亡くなりました。

　このように、地震による被害には、いろいろな要素が関係します。もしも、今後の地震の際に、極端な気象や新型コロナウイルスのような感染症の流行が重なった場合、複合被害はさらに大きなものになることが予想されます。

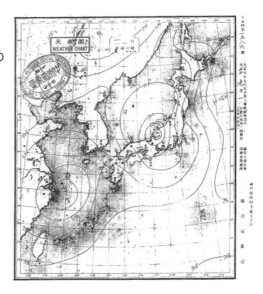

● 関東大震災発生時の天気図

# 震災への備え

## ひとりひとりの「防災リテラシー」が重要

リテラシーとは「読み書き」という意味の言葉です。「正しく読んだり書いたりする＝生きる力」のことで、防災リテラシーとは、「正しく防災を理解する」ということです。

文部科学省が発表した新しい学習指導要領では、防災は重要なことと取り上げられています。最初は教科としての「防災科」の導入が検討されましたが、カリキュラムマネージメントとして各教科の中で、防災を取り上げることとなりました。

自然災害が多い日本で生きていく中で、自分のこととして防災の知識を身につけることが重要です。実際に自然災害を体験した人は少ないので、過去やほかの地域で起きた災害を学ぶことです。

防災の日は、9月1日（関東大震災が起きた日）、津波の日は、11月5日（南海トラフ巨大地震が起きた日）に制定されています。私たちは、東日本大震災が起きた3月11日を忘れてはならない日とするため「防災教育と災害伝承の日」とすることを提唱しています。

● 防災関連の記念日

> ▶9月1日
> 「防災の日」
> …関東大震災（1923年）
> ▶11月5日
> 「津波防災の日」「世界津波の日」
> …南海トラフ巨大地震による大津波（1854年）
> ▶3月11日
> …東日本大震災（2011年）
> 「防災教育と災害伝承の日」を提唱

### 防災リテラシーとは

★リテラシー (literacy)：正しく読み書きができる能力、生きる力。

★防災リテラシー：正しく防災を理解する能力、災害から生き延びる力。

★より良い社会と生活のために自分のこととして、防災に取り組むための基本知識。

下の地図は「全国地震動予測地図」と言います。大震災当時、関西では大きな地震がないと思っていた人が大勢いました。科学者は阪神でも起こることを知っていましたが、自治体の防災担当者にも伝わっていませんでした。

　そこで、阪神淡路大震災の後、10年をかけて2005年に「全国地震動予測地図」第1版が作られました。

　この2020年版が2021年3月に完成したもので、日本中どこでも強い揺れにならない場所はありません。一番色が濃いところは、30年以内に震度6弱以上の地震に見舞われる確率が26%以上の地域です。

　この確率は交通事故や火災にあう確率より高く対象になり得る高さです。

● 確率論的地震動予測地図
（今後30年間に 震度6弱以上の揺れに見舞われる確率:2020年版）

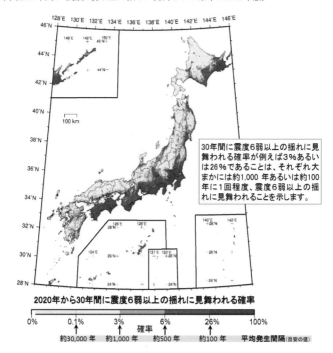

30年間に震度6弱以上の揺れに見舞われる確率が例えば3%あるいは26%であることは、それぞれ大まかには約1,000年あるいは約100年に1回程度、震度6弱以上の揺れに見舞われることを示します。

2020年から30年間に震度6弱以上の揺れに見舞われる確率

| 0% | 0.1% | 3% | 6% | 26% | 100% |
| | | 確率 | | | |
| | 約30,000年 | 約1,000年 | 約500年 | 約100年 | 平均発生間隔(目安の値) |

## 事前対策に加えて
## 日頃からの備えが重要

　下の2つのデータは、首都直下地震に事前対策を行うことによって、被害がどう減少するかを示したものです。もし耐震化を100%にすると、倒壊する家屋も死者も1割5分に減ります。また、初期消火をすると、被害は1割に減ります。

　被害想定では、対策をとることによってどのくらい被害を少なくすることができるかを検討できることが重要です。

　会社のオフィスで家具の転倒などによって被害者が出た場合、経営者が責任を問われます。学校などの管理者でも同じです。

　家が倒れなくても、家具の転倒などの被害があるので、家具を固定するなどの対策が必要です。南海トラフ巨大地震でも、全部対策すると被害者の数を1/5、6万人にできるというのが内閣府の試算です。それでも東日本大震災の3倍の死者数です。

　2017年に内閣府が南海トラフ巨大地震対策に関するガイドラインを示しました。南海トラフ巨大地震では、どこかで地震が発生すると、すぐ隣の領域でも地震が発生する可能性があります。残念ながら、最初の地震はいつ起きるか予測できません

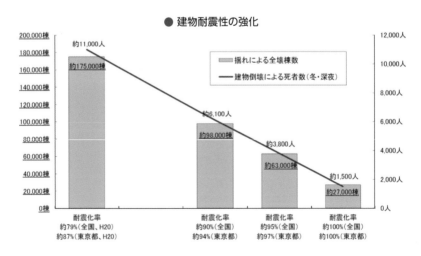

● 建物耐震性の強化

が、次の地震が起きることは予測できます。

最初に地震が起きて被害が出ている時に、さらに大きな被害が出ると予想されたときに、気象庁長官が巨大地震警戒情報を発表します。

すると、内閣総理大臣は都道府県知事・市町村長に指示を伝えるとともに、国民に対して「日ごろからの地震への備えを再確認してください」という呼びかけをします。地震発生後の避難では間に合わない人（高齢者など）たちには、あらかじめ避難してもらいます。

1944年に起きた南海トラフ巨大地震では、2年後に再び大きな地震が起きました。1885年の南海トラフ巨大地震では、2日後にもう1回M8クラスの地震が起きました。過去100回のうち10回は、1週間以内に2回目の地震が起きています。したがって、避難した後も、2週間は我慢する必要があります。

事前対策によって被害を小さくすることだけではなく、国民一人ひとりが日頃から地震に備えることが大切なのです。

● 出火防止対策の強化

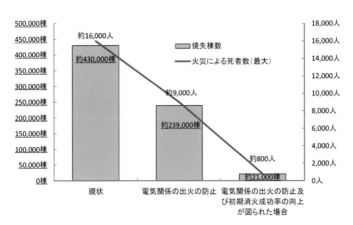

# 3月11日を「防災教育と災害

不確実性が増大する時代にあって、過去の大きな災害に学ぶことで、「防災リテラシー」を身につけることが大切であるという考えから、私は東日本大震災が起きた3月11日を「防災教育と災害伝承の日」とする活動のよびかけ人となっています。

賛同者を募集するホームページがありますので、賛同される方はぜひご登録をお願いします。

防災教育と災害伝承の日

ホームページにて、個人・団体の賛同者募集
https://www.bousai-edu.jp/saigai-denshou/

## 平田 直（ひらた なおし）

東京大学大学院理学系研究科地球物理学専攻博士課程退学。1985年理学博士（東京大学大学院）。千葉大学理学部助教授、東京大学地震研究所教授、同研究所長を経て、2020年定年退職。東京大学名誉教授。2017年から、国立研究開発法人防災科学技術研究所参与（兼）首都圏レジリエンス研究推進センター長。政府の「地震調査研究推進本部 地震調査委員会」委員長。「南海トラフ沿いの地震に関する評価検討会」（気象庁）会長。一般社団法人防災教育普及協会会長。専門は地震学・地震防災。著書に『首都直下地震』（岩波書店）など。

# 伝承の日」に

## よびかけ文

東日本大震災（2011年3月11日発生）から10年を迎えようとしています。大震災では2万人を超える尊い命が奪われ、人々に与えた衝撃は筆舌に尽くしがたく、10年たっても癒えるものではありません。東日本大震災を契機として、防災教育と過去の災害から得られた教訓の伝承の重要性が確認されました。その後の災害対策基本法の改正で、この二つの言葉が初めて書き込まれ、学習指導要領でも防災教育の内容がさらに充実したものとなりました。自然災害が多発する我が国においては、これらのテーマを国民全体のものとして受け止め、東日本大震災だけに留まらず、各地の取り組みを共有し、防災教育と災害伝承の活動を一層強化することが求められています。そこで私たちは、防災教育と災害伝承の重要性を改めて深く認識することになった東日本大震災の様々な出来事と教訓を忘れないために、慰霊の思いも込め、3月11日を「防災教育と災害伝承の日」とすることを提唱するとともに、防災教育と災害伝承活動のさらなる実践を全国によびかけるものです。

2021年2月13日

よびかけ人

共同代表　今村文彦 東北大学災害科学国際研究所所長・教授
共同代表　戸田芳雄 日本安全教育学会理事長
河田惠昭　阪神・淡路大震災記念人と防災未来センター長
林　春男　防災教育チャレンジプラン実行委員会委員長
平田　直　一般社団法人防災教育普及協会会長
松浦律子　歴史地震研究会会長

五十音順

# 地震のしくみ

**関連情報**

## 地震が起きるしくみ

地震はプレートの運動などにより起こります。プレートの運動によって、地表や上部マントルなどにさまざまな方向から力が加わり、たまっていった力が一定以上になると、岩石は破壊されその振動によって地震が起きます。振動の波（地震波）が地表にまで伝わると、地震として感じることになります。地震の波は断層全体から発せられるので、発生源は、広がりをもっています。地震のエネルギーは、その周辺の広い範囲にたまっていて、その範囲を震源域といいます。大きな地震ほど、広い範囲にたまっていたエネルギーが放出されるので、震源域は広くなります。

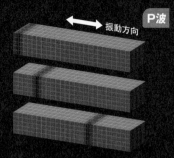

**P波** ←→ 振動方向

体積ののびちぢみで伝わる縦波で、振動方向と移動方向が同じで、固体・液体・気体に伝わります。

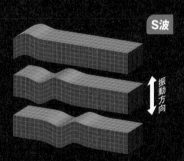

**S波** ↕ 振動方向

ずれの変形（ねじれ）で伝わる横波で、振動方向が進む方向と直角で、固体にしか伝わりません。

### P波とS波の伝わり方

地震のゆれとP波とS波の特徴を表した図です。0の地点が震央です。震央からの距離がはなれている場所では、P波による初期微動の時間が長くなります。

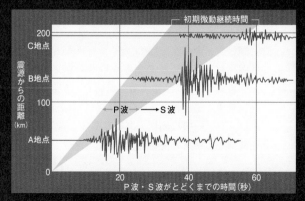

初期微動継続時間

震源からの距離（km）

C地点　200

B地点

100

P波　→　S波

A地点

0　　　20　　　40　　　60

P波・S波がとどくまでの時間（秒）

## 地震の伝わり方

地震が発生すると、ゆれはP波やS波になって四方に広がります。また、地表に達した地震波は表面波となって周囲に広がります。ふつう地震を感じるとき、P波による小さなゆれの少しあとに、大きな被害をもたらすS波による大きなゆれがやってきます。これは、P波のほうが速く伝わるためで、P波とS波の到達時間の差は、震源地からはなれればはなれるほど、大きくなります。地震波が地中を進む速さは、地盤のかたさのちがいなどで、場所によってちがうので、多くの地震計で地震波を調べると、地下の様子がわかります。

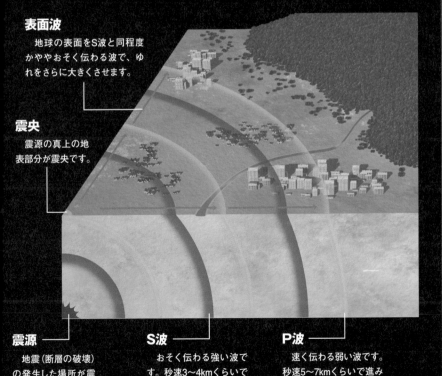

**表面波**
地球の表面をS波と同程度かややおそく伝わる波で、ゆれをさらに大きくさせます。

**震央**
震源の真上の地表部分が震央です。

**震源**
地震（断層の破壊）の発生した場所が震源です。

**S波**
おそく伝わる強い波です。秒速3〜4kmくらいで進みます。

**P波**
速く伝わる弱い波です。秒速5〜7kmくらいで進みます。

いかなることも、
偶然には起こりえない。

**デモクリトス**（紀元前460年頃〜前370年頃）

古代ギリシャの哲学者。物質の根源には、原子（アトム）が存在すると、原子論的唯物論を唱えました。

### CHAPTER 2

# 地球環境と巨大森林火災

講師：熊谷 朝臣 （東京大学大学院教授）

2019 年、オーストラリアで起きた大規模森林火災

# 地球上に森林が出現した

## 葉っぱがない植物から 葉っぱを持つ植物へ

　まず、地球環境にとって重要な植物の話をします。海中にいた植物が陸上に進出したのは、4億6500万年前のことです。このときの植物はコケ植物です。それから4000万年経った4億2500万年前、クックソニアという植物が陸上に出現しました。なぜ陸上に進出できたかと言うと、水を通す器官である維管束が発達したからです。ただし、この段階では葉っぱはありません。茎で光合成を行っていました。

　さらに3億9000万年前になると、小さな葉っぱを持つエオフィロフィトンが登場し、3億7000万年前には、立派な葉っぱを持ち"最古の樹木"とよばれるアルカエオプテリスが登場します。地球上に葉っぱを持つ植物が定着して、森が出現したのは、このアルカエオプテリスの出現以後の3億6000万年前頃と言われています。

● 植物の進化

クックソニア
（葉のない植物）

エオフィロフィトン
（直径1〜2mmの葉を持つ植物）

アルカエオプテリス
（葉を持つ植物）

4億2500万年前

3億9000万年前　3億7000万年前

4億6500万年前（縮物の陸上進出）

森の成立
3億6000万
年前

（写真：アフロ）

## 100万年スケールの巨大な炭素循環

　ここで、地球上で起こっている炭素循環のしくみを見てみましょう。

　まず、雨が降ります、すると大気中の二酸化炭素が雨に溶けて炭酸になります。これが、地上のケイ酸塩岩に当たると、風化によって重炭酸塩が出てきます。これが川を流れて海に出ますと、海洋生物に取り込まれて殻になります。死んだ海洋生物の殻は石灰（$CaCO_3$）で、これが堆積します（下図）。

　世界には、石灰が堆積した地形が数多くあり、例えばイギリスのドーバー海峡にあるホワイトクリフです。イギリスの通称を「アルビオン＝白い国」と言いますが、ドーバー海峡側から上陸する際に、この白い崖が見えたために名付けられたと言われます。

↑ホワイトクリフ（イギリス）

● 100万年スケールの炭素循環①

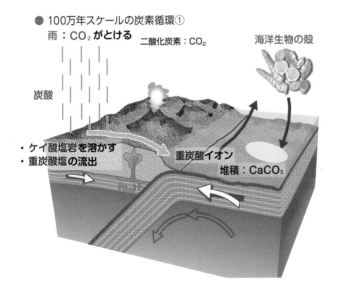

雨：$CO_2$ がとける　　二酸化炭素：$CO_2$　　海洋生物の殻

炭酸

・ケイ酸塩岩を溶かす
・重炭酸塩の流出

重炭酸イオン

堆積：$CaCO_3$

その後、堆積した石灰は、プレートの移動によって陸の下に沈みこみ、熱によって融解され、火山活動によって再び二酸化過炭素（$CO_2$）が大気中に放出されます（45ページ上図）。

大気中の二酸化炭素濃度が高まると、温室効果によって地球は温暖化します。ケイ酸塩岩が風化する際には二酸化過炭素を消費しますが、地球が高温になると風化が促進されるために大気中の二酸化炭素濃度が下がり、地球は寒冷化します（45ページ下図）。

この炭素の循環による温暖化と寒冷化の繰り返しは、100万年のスケールで行われます。地球温暖化の暴走を止めるこの炭素循環のしくみを「安定化フィードバック」と呼んでいて、約10億年間、地球が熱くなりすぎるのを防ぐために安定化フィードバックを繰り返してきたと考えられています。

ただし現代の地球温暖化の問題に対して、地球の安定化フィードバックを期待しても、10万年〜100万年先に起きることですので、あまり意味がありません。

## 安定化フィードバック

★大気中の二酸化炭素濃度の高低が要因となって、地球は100万年スケールで温暖化と寒冷化を繰り返している。

★陸地のケイ酸塩岩が風化する際に大気中の二酸化炭素が消費され、火山活動によって再び大気中に二酸化炭素が放出される。

**WORD** 風化…地表の岩石が、日射・空気・水・生物などの作用で、しだいに破壊されること。また、その作用。
ケイ酸塩岩…岩石を構成する鉱物のほとんどがケイ酸塩岩なので、岩石そのものといえる。

● 地球の安定化フィードバック

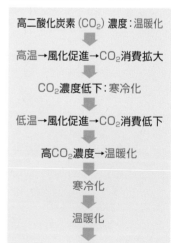

高二酸化炭素（$CO_2$）濃度：温暖化

↓

高温→風化促進→$CO_2$消費拡大

↓

$CO_2$濃度低下：寒冷化

↓

低温→風化促進→$CO_2$消費低下

↓

高$CO_2$濃度→温暖化

↓

寒冷化

↓

温暖化

↓

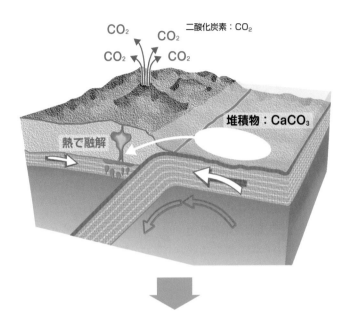

CO₂　　CO₂

二酸化炭素：CO₂

CO₂　　CO₂

堆積物：CaCO₃

熱で融解

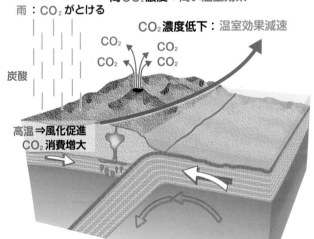

高CO₂濃度：高い温室効果

雨：CO₂がとける

CO₂濃度低下：温室効果減速

CO₂　　CO₂

CO₂　　CO₂

炭酸

高温⇒風化促進
CO₂消費増大

## 大気中の二酸化炭素濃度の変化と植物の変化

ここで、安定化フィードバックと植物の話をつなげていきます。

陸上植物が誕生した約4億年前の大気中の二酸化炭素濃度は、現在の約15倍ありました。植物は葉の裏に気孔という穴があり、そこから二酸化炭素を取り入れて、光を受けて光合成を行います。ところが、気孔を開くと水分が外に出ていきます（蒸散）。水が出て行く速度は、二酸化炭素を取り入れる速度の数百倍にもなります。そのため、植物には、二酸化炭素は欲しいけれど、水分は失いたくないという悩みが生じます。

さて、大気中の二酸化炭素濃度が高かった4億年前の植物は、気孔をあまり開かなくてもよいか、気孔の数が少なくてもよかったわけです。大きな葉っぱをつくると太陽の熱を受けすぎ、また蒸散に使うエネルギー（気化熱）の消費も少ないので熱くなりすぎます。

クックソニアは葉っぱを持たず、スリムな茎の部分で二酸化炭素を取り入れたため熱くならずにすんだの

● 大気中の$CO_2$濃度の変化と植物の変化

[図1]

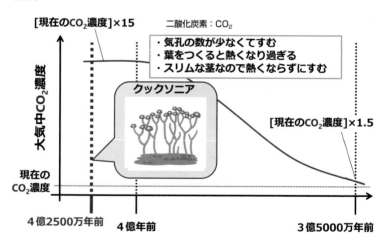

です。［図1］

　ある研究報告によると、産業革命以降の植物を順に並べて気孔の数を調べたところ、大気中の二酸化炭素濃度が高くなるにつれて気孔の数が減っていることがわかっています。さらに2000年頃には、植物には二酸化炭素濃度が高くなると気孔の数を減らす遺伝子があることがわかりました。さてこれを踏まえて植物の変化を見ていきます。

　4億年前以降になると、安定化フィードバックによって、大気中の二酸化炭素濃度が低くなっていきました。

　そうなると植物は二酸化炭素を取り入れるために気孔の数を増やさなければならなくなりました。

　そこで、3億9000年前の植物であるエオフィロフィトンは、気孔の数を増やすために葉っぱをつけました。葉っぱをつけると太陽の熱を多く受けますが、蒸散が増えることによって気化熱の消費が増えて熱くならずにすみます。［図2］

　ここで、植物は葉っぱをつけることに成功しました。

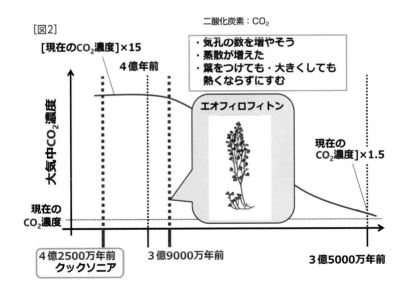

［図2］

二酸化炭素：$CO_2$

[現在の$CO_2$濃度]×15

4億年前

・気孔の数を増やそう
・蒸散が増えた
・葉をつけても・大きくしても熱くならずにすむ

エオフィロフィトン

現在の$CO_2$濃度]×1.5

大気中$CO_2$濃度

現在の$CO_2$濃度

4億2500万年前
クックソニア

3億9000万年前

3億5000万年前

## 水循環の促進と森林の出現

さて、エオフィロフィトンからさらに時間がたった3億7000年前になると、さらに大気中の二酸化炭素濃度が低くなります。

そうなると植物はもっと気孔の数を増やさなければならなくなり、葉っぱの大きさと数を増やします。蒸散が増えることによって熱くならずにすみますが、大量の水分が出ていってしまいます。そこで植物は、根っこを発達させて多くの水を取り入れようとします。また、水を葉まで運ぶための通導組織を発達させます。そうなるとアルカエオプテリスのように植物は高くなることができ、樹木が誕生します。[図3]

こうして植物の葉っぱと根っこが発達したことによって、背の高い植物が陸上のいたるところに分布するようになりました。増えた植物の蒸散によって大気中に大量の水分が供給されます。その水分は雲になって雨を降らします。雨は、高い樹木の葉っぱに当たるか枝に当たるかしますので、植物そのものが水を遮断するのです。樹木に付いた水のかな

[図3]

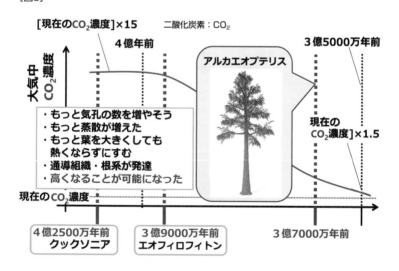

りの量はそのまま蒸発して大気に戻ります。また、地面に到達した雨も根っこから吸収されて葉から蒸散します。つまり、降った雨の約50％は植物によって大気に戻るのです。植物があってこそ水循環が促進されるわけです。

また、植物が増えることによって、菌根菌という微生物が大量の有機酸を分泌するようになります。陸上いたるところに植物が進出することで、水の動きと酸のはたらきが活発になってケイ酸塩岩の風化が進んだのです（下図）。風化が進むと

二酸化炭素の消費が増えることは先に述べました。これによって、大気中の二酸化炭素濃度は現在の15倍から1.5倍程度に下がりました（48ページ図3）。

一方、植物が増えると、光をめぐる競争が激しくなって、ほかの植物よりもさらに葉を大きく、もっと高く、もっと根を張ろうとします。こうして森林が形成されました。

つまり、あるきっかけで植物が変化し、森林が誕生したことによって気候が安定し、現在のような地球環境がつくられたのです。

● 水循環の促進と森林の出現

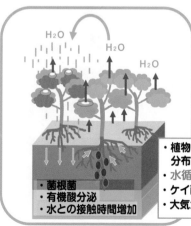

- 菌根菌
- 有機酸分泌
- 水との接触時間増加

- 植物が陸上いたるところに分布するようになった
- 水循環促進
- ケイ酸塩岩の化学的風化促進
- 大気からのCO₂取り込み加速

## 森林の誕生と地球環境

★大気中の二酸化炭素濃度が低下したことで、植物が葉や根を発達させ、樹木が生まれた。
★樹木の生存競争が森林を形成し、森林が風化と二酸化炭素濃度の低下を促進させたことで、安定した気候の地球環境をつくった。

# 森林が地球温暖化を抑制

## 森林の二酸化炭素吸収能力

さて、ここからは現代の話です。下図は2000年から2007年の人間活動由来の二酸化炭素の行方を調べたものです。

1年で森林破壊によって15億トン炭素、工場などから75億トン炭素（3.7倍すると二酸化炭素量になる）を排出していて、46％が大気に

とどまり、29％が陸地（森林）に、26％が海洋に吸収されます。

つまり、森林を守ることは、二酸化炭素の吸収量を増やすことになるとともに、二酸化炭素の放出量を減らすことができるので、二重の意味で大気中の二酸化炭素濃度を下げて地球温暖化を抑制することができるのです。

2000年頃までの研究では、人

● 森林破壊や工場など、人間活動由来による二酸化炭素の行方

**森林破壊**
**15億トン炭素／年**

**＋**

**工場**などから
**75億トン炭素／年**

**合計90トン炭素／年**

大気 46％
42億トン炭素／年

陸地 29％
26億トン炭素／年

海洋 26％
23億トン炭素／年

間活動によって放出された二酸化炭素のうち、20％はどこに行ったかわかっていませんでした。当時は、森林が二酸化炭素を蓄える能力は、全体の10％程度だと考えられていました。ところがその後、森林が二酸化炭素を蓄える能力は全体の約30％程度あるのではないかと予測する研究が発表されて話題となりました。

その予測は、2010年頃の研究によって証明されました。木の重さを1本1本量ることによって、森林に

よる二酸化炭素の収支量が示されたのです。

つまり、森林の温暖化抑制能力は、以前考えられていたよりも随分と高いことがわかったのです。

### 森林の温暖化抑制能力

★地球全体の森林が二酸化炭素を蓄える能力は、かなり高い。
★東南アジア, 中南米の熱帯林は二酸化炭素放出源になっており、特に注意が必要である。

● 世界の森林炭素収支の推移 (図中の数字はペタグラム：10億トン)

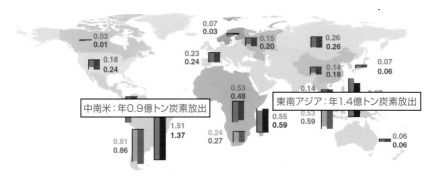

中南米：年0.9億トン炭素放出

東南アジア：年1.4億トン炭素放出

| 原生林による炭素吸収量 | 再生林による炭素吸収量 | 森林伐採による炭素放出量 |
|---|---|---|
| ■ (1990-1999) | ■ (1990-1999) | ■ (1990-1999) |
| ■ (2000-2007) | ■ (2000-2007) | ■ (2000-2007) |

Pan ら (2011) Science 333, 988

## 人間活動が変わらないと 2100年には気温が6℃上昇

下のグラフは、地球システムモデルを使って、人間活動が改められることなく現在のまま進んだ場合の、地球の平均気温の上昇を予測したものです（2000年をゼロとする）。数値に幅がありますが、緑色の帯は、森林の扱いを今後どうするかによって、気温の高さが変わってくることを示していると考えることができます。

2100年には気温が最大6℃上昇しますが、森林の扱いをどうするかによって、緑色の帯の一番下の数値となり、気温の上昇は2℃程度に抑えられる可能性があるのです。

## 現在の気候条件下で、あと 9億haの森林を作れる

最近の研究で、現在の地球の気候条件で、あとどのくらい森林を増やすことができるかがシミュレーションされました（下図）。

その結果、ほぼアメリカ合衆国と同じ面積（9億ヘクタール）の森林をまだ新しくつくることができることがわかりました。その森林で吸収で

● 未来の平均気温予想（2000年を基準とする）

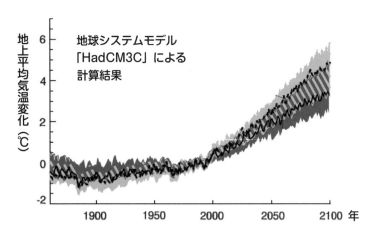

きる二酸化炭素は、およそ2000億トン炭素です。先に、1年間に放出している二酸化炭素は90億トン炭素という話をしましたが、20年以上分を吸収できるということです。

この衝撃的な結果は、その真偽について今も多くの議論を呼んでいますが、仮にこのデータ通りの数字にいかなかったとしても、森林にはかなりの能力があることは確かです。

● 現在の森林回復ポテンシャル

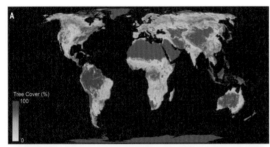

(A) 地球上には現在気候条件で 44 億 ha の森林が存在できる。

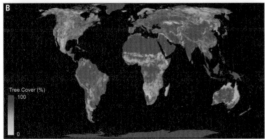

(B) と (C) (A) から現存する森林と2種類の農地・市街分エリアを引いた結果、現在気候条件下で 9 億ヘクタール（ほぼアメリカ合衆国の面積）に森林を作ることができることがわかった。

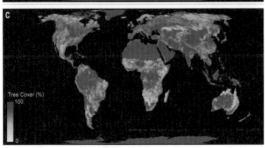

WORD 地球システムモデル…
地球全体の気候、陸域、海洋の相互作用のシミュレーションを行い、温暖化進行による気候変化のような未来の地球の姿を予測するために用いる。

Jean-Francois Bastin ら(2019) Science 365, 76

## 森林破壊は、降水量の減少をもたらす

　森林破壊の降雨への影響をお話しします。

　下の図の左は、森林が正常な状態です。これは先に説明しました。葉っぱや枝に降った雨が蒸発する水分と、土に降った雨を根っこから吸い上げて葉っぱから蒸散する水分があります。この蒸発散の作用によっ

て、降った雨の大部分が大気に戻ります。

　森林破壊が進んだ場合が、下の右の図です。森林がないわけですから、降った雨のわずかしか蒸発散で大気に戻りません。降雨は、すぐに地面から地中に達して流出していきます。実際に森林破壊によって起きた洪水が世界中でみられます。こうなると、湿った空気は乾燥した空気

● 森林がある場合（左）とない場合（右）の水の循環

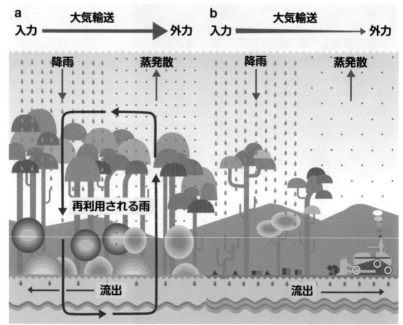

Aragao (2012) Nature 489,217

になります。

森林破壊が進むと大気が乾燥して降水量が減ることが予想されます。実際に森林を伐採して実験することはできませんので、森林伐採がこのまま進むとどのぐらい雨が減るかを知るには、コンピューターシミュレーションによる研究が不可欠で

す（下図）。雨期と乾期で計算結果を分けています。

色の濃い部分が減る雨量の多い地域で、雨期（上）で20％以上も雨が減る地域がたくさんあります。乾期（下）はさらに範囲が広く、40％以上減る地域も、たくさんあります。

● アマゾンでこのまま森林伐採が進んだ場合に、減る雨量
（2000〜2050年、シミュレーション結果）

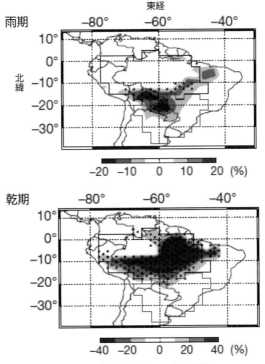

Spracklen ら (2012) Nature 489, 282

## 森林破壊の降雨への影響で さらに森林破壊が進む

東南アジアのボルネオ島についても見てみましょう。ボルネオ島は、日本の2倍ぐらいの面積の島です。

下の図は、1973 〜 2010年の間にボルネオ島の森林がどのように変わったかを示した地図です。左が1973年、右が現在の森林です。右の赤色で示した部分が失われた森林です。

一方、57ページのグラフは、ボルネオ島の年降水量を表したもので、年々降水量が減っていることがわかります。

森林が失われたことで蒸発散が減少し、結果的に降水量が減ったということの証拠です。

ボルネオ島では、1997年〜1998年にエルニーニョ現象の影響

● ボルネオ島で1973〜2010年の間に失われた森林 (2010年まで)

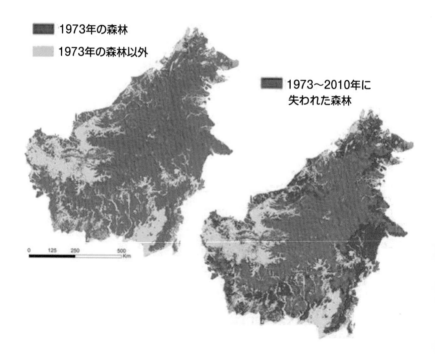

で強い乾燥が起きて（後で説明します）、木がたくさん死にました。フタバガキ科の木は通常の12〜30倍の死亡率にもなりました。

　ボルネオ島以外でも、地球温暖化に由来する熱波・乾燥によって、世界中の多くの森林が失われています。

　ここまでの話をまとめると、森林伐採であろうが、気候変動であろうが、森林が破壊されることに変わりありません。森林破壊はおもに水循環を変えることで、さらに気候変化を生みます。気候変化はさらなる森林破壊を呼び、悪循環に陥ります。わたしたちは今、森林を守り、この悪循環を止めなければならないのです。

● ボルネオ島の年降水量の変化

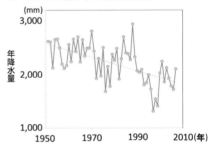

● 森林破壊による悪循環

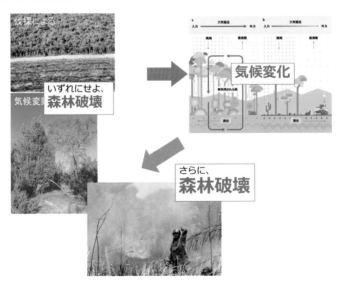

# 巨大森林火災はなぜ起きる？

## 森林火災が起きている地域

いよいよ、巨大森林火災の話になります。

アメリカ合衆国では、毎年大きな森林火災が起きており、カリフォルニア州などでは市民生活にも影響が出ています。

下図はアメリカ合衆国の森林火災の経年変化のグラフ（2018年まで）です。多い時で年間に300～400万ヘクタールも焼いています。日本の森林面積は2500万ヘクタールですから、その1/6ぐらいを毎年焼いているわけです。

その内訳に注目すると、西部（カリフォルニアとアラスカを含む）だけでかなりの森林火災が起きています。こんなに偏りがあるのには理由があります（後で説明します）。

また、2019年にブラジルで起きた森林火災を見てみますと、わずか7日間で、南アメリカ大陸の広い範囲を焼いています。

● アメリカ合衆国の森林火災の経年変化

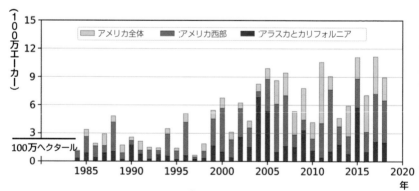

↑アメリカ西部とアラスカで森林火災が多い

アマゾンの二酸化炭素収支を見てみると、世界全体の二酸化炭素放出量80億トン炭素のうち、約6億トン炭素も吸収してくれています。しかし、森林破壊が進んでいますので、約6億トン炭素も放出しています。そのせいで、アマゾンはほとんど二酸化炭素吸収に寄与していません。

ところが、この2019年の森林火災では、ほんのわずかな期間で約1.5億トン炭素もの二酸化炭素を放出しました。

● 2019年ブラジルの大規模森林火災

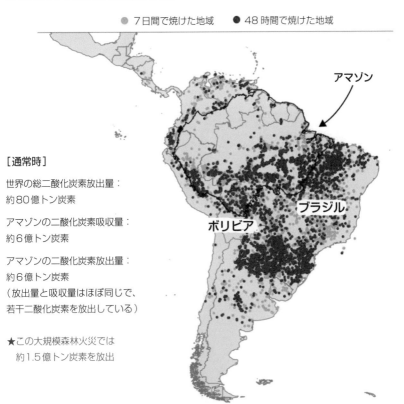

● 7日間で焼けた地域　● 48時間で焼けた地域

アマゾン

ブラジル

ボリビア

[通常時]

世界の総二酸化炭素放出量：
約80億トン炭素

アマゾンの二酸化炭素吸収量：
約6億トン炭素

アマゾンの二酸化炭素放出量：
約6億トン炭素
（放出量と吸収量はほぼ同じで、
若干二酸化炭素を放出している）

★この大規模森林火災では
　約1.5億トン炭素を放出

## 何が森林火災を起こすのか

森林火災が起きるために必要なことから考えていきましょう。

まず、燃える材料が必要です。次に、その材料が燃えやすくなる環境が必要です。つまり、可燃性の材料が易燃性になる環境です。さらに、その易燃性の材料に何か（誰か）が火をつけなければなりません。最後に、その火災が燃え続ける環境が必要です。

まず、可燃性の材料についてです。生きている木はなかなか燃えません。葉っぱや枝や落ち葉、死んだ木などを「リター」と言います

● 森林火災が起きるために必要なこと

1 可燃性の材料
2 可燃性が易燃性になる環境
3 何か（誰か）が火をつける
4 燃え続ける環境

● 森林火災の材料

リター＋乾燥

乾燥→枯死木＋乾燥

泥炭＋乾燥

が、そのリターは乾燥しないと燃えません。そのほかに泥炭（湿地で植物の遺骸が分解され切れずに積もった泥のような炭）もありますが、これも乾燥しないと燃えません。

可燃性の材料が易燃性になる環境というのは乾燥です。

356万ヘクタールを焼いた2020年9月のカリフォルニア森林火災の例を見てみましょう。

大気が水蒸気を欲しがる指標に大気飽差（VPD）というものがあります。VPDが大きいほど大気が乾燥しているということです。

下のグラフは、カリフォルニアの年間のVPDの変化を表したものですが、2020年9月のVPD（オレンジ色）は、1979〜2019年の平均のVPD（青色）に比べてかなり高かったことがわかります。

大気の乾燥が可燃性の材料を易燃性にしたことで、この大きな森林火災が起きたことがわかります。

**2020年9月
カリフォルニアの森林火災**
356万ヘクタールを焼いた。

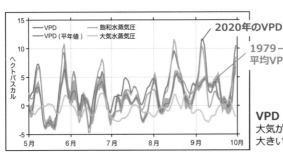

**2020年のVPD**

**1979－2019年の
平均VPD**

**VPD（大気飽差）**
大気が水蒸気を欲しがる指標
大きいほど乾燥が強い

Fu ら (2021) Eos 102, https://doi.org/10.1029/2021EO156650 *61*

## 地球規模の
## 乾燥の要因

　乾燥の要因について、地球規模で説明します。

　1つ目は、エルニーニョ現象です。南アメリカの東側の海は、ふだんは冷たい水がわき出しています。すると温かい水が東南アジアの方に押し寄せられます。温かい水の上にある空気が暖められて雲ができて雨が降ります（62ページ右上図）。ところが、冷たい水のわき出しが弱くなると、温かい水は太平洋の真ん中に移動してしまうために、東南アジア

● エルニーニョ現象

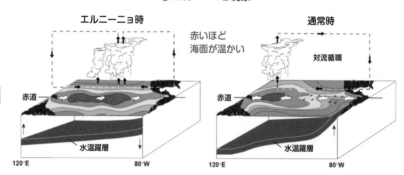

● インド洋ダイポールモード現象

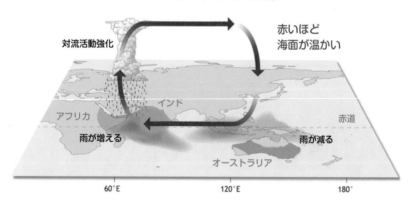

で雨が降らなくなります（62ページ左上図）。

　2つ目は、インド洋ダイポールモード現象です。インド洋西部のアフリカ側で海水温が高くなり、東部の東南アジア側で海水温が低くなることで、東部での蒸発と降雨が盛んになりますが、西部では蒸発が少なくなり乾燥します。

　3つ目に、中緯度で発生する寒帯ジェット気流による影響があります。冬に極側と南側の温度差が大きい時は、気流の流れは真っ直ぐです（下左図）。ところが、夏に極側と南側の温度差が小さくなると、

ジェット気流が遅くなり蛇行を始めます。そうすると、蛇行の山側のところで、異常な高温と乾燥が起こります（下右図）。

　地球温暖化が進むと、常に夏のようになりますから、寒帯ジェット気流の蛇行が停滞して、蛇行の山側では高温乾燥が続きます。

　地球温暖化がエルニーニョ現象やインド洋ダイポールにどう影響を与えているかは、まだ議論があるところですが、寒帯ジェットの大きな蛇行に関しては地球温暖化の影響が大きいことは明らかです。

● ジェット気流

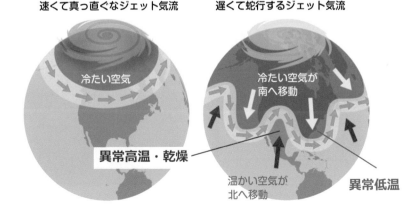

**速くて真っ直ぐなジェット気流**　　**遅くて蛇行するジェット気流**

冷たい空気

冷たい空気が南へ移動

異常高温・乾燥

温かい空気が北へ移動

異常低温

## 人為的な要因による乾燥と燃え続ける環境

次に泥炭の話をします。泥炭は石炭になり切れていない炭で、炭素を含む割合が低く、水分を多く含んでいますが、乾燥すると燃えます。

左下の写真は、ボルネオ島の泥炭湿地林を伐採・排水して造成したアブラヤシ農園で火災が起きたところです。乾燥した泥炭地の火災は、なかなか消火できません。

右下は、シベリアの永久凍土が地球温暖化によって氷が溶け、乾燥した泥炭地が現れたところです。

泥炭湿地林の伐採・排水は明らかに人為的な要因ですが、永久凍土の方も、地球温暖化を引き起こしたのは人間活動ですから、こちらも人為的な要因による泥炭地の乾燥と言えるでしょう。

65ページ下の図の黒い点は、北極周辺の泥炭地を示しています。広い範囲に泥炭地が広がっていることがわかります。赤い点は、2020年6月〜8月に火災が起きたところで、広い範囲で泥炭地と重なっています。

この地域で森林火災が起きるとどうなるでしょう。ふつうは、冬になる

● 乾燥した泥炭地

泥炭地のアブラヤシ農園の火災

永久凍土・泥炭の融解（ロシア）

と火が消えるのですが、泥炭は乾燥すると燃料になりますから、いつまでも火が消えず、火災が越冬することもあります。

右の写真は、シベリアの森林火災ですが、地下の乾燥泥炭が燃え続けているのです。

● 地下で燃え続ける森林火災（シベリア）

● 北極周辺の
　泥炭地分布

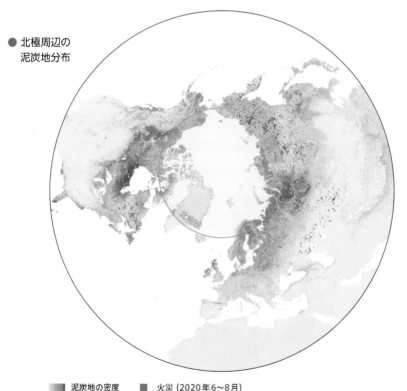

▧ 泥炭地の密度　　■ 火災（2020年6〜8月）

## 人為的な森林火災と自然発火

次に、何が火をつけるかという話です。日本の森林火災の多くは、人為的なものだと思います。世界的に見ても、何がと言うよりだれかが火をつけたという場合が多いです。

自然発火の原因は、雷が圧倒的に多いです。2020年7月のカリフォルニア、2019年夏のシベリアの森林火災は、雷が原因と考えられています。2019年のシベリア火災では、道路脇が火元ですので、違法伐採を隠すためにだれかが火をつけたのではないかとも言われています。ロシアには、消火活動にお金がかかるので、森林火災を消さないという

法律もあるようです。

また、東南アジアでは、アブラヤシ農園を造成するために熱帯雨林を伐採して火をつけることもあります。

下のグラフはブラジルの森林火災の発生件数の変化を示したものです。実は2004年頃の方が発生件数が多かったのですが、その後、政府の森林減少抑制策のおかげで火災発生が激減しました。

ところが、2019年にまた増えているのは、ブラジルの大統領が「私たちには森林を伐採して経済発展をする権利がある」という主張をしたためです。2019年の大規模火災は、世界的な問題になりましたが、

● ブラジルの1月から8月の間に起きる
　森林火災の発生件数 (1998〜2019年)

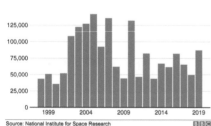

Source: National Institute for Space Research

　BBC News https://www.bbc.com/news/world-latin-america-49433767

下右の衛星写真を見ると、伐採地の側から火が出ているので、だれかが火をつけたことは明らかです。

これらの森林火災は社会経済上の問題といえます。

最後にシベリアの話をします。白い雪の面というのは、太陽からの放射を受けても8割ぐらい反射して大気に戻してしまいます。そのため雪は溶けにくいのです。

ところが大規模森林火災などが起きて、煤（すす）が雪の上を覆って黒い部分が増えると、太陽の熱を吸収します（下図）。するとさらに地球温暖化が進みます。

## 森林火災と気候変化の悪循環を止める

さて、これまで見てきたことをまとめると、森林破壊によって水循環が変化したり、二酸化炭素の放出量が増えたりすると、気候変化が進みます。気候の変化により強い乾燥が起きると、森林火災が増えます。森林火災は、さらに気候変化を促進し、火災が火災を呼び続けるという悪循環となります。

そこで、私たちが今取り組まなければならないのは、人為的な森林火災を止めることだと言えるのです。

● 雪面のすすが太陽放射の吸収に及ぼす影響

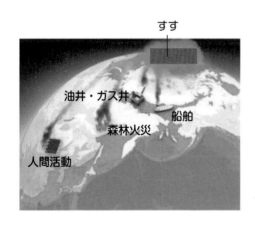

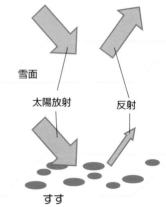

おわりに

# わたしたちの挑戦

森林破壊が導く気候悪化は、さらなる森林破壊を生み、ますますの気候悪化を導きます。また、森林回復ができなくなると気候悪化は元に戻せなくなります。私たちは、この気候悪化の悪循環を断ち切るために、森林を守り育まなければなりません。そのために何ができるか、それを考えることが私の研究者としての使命だと思っています。

まず、森林の気候安定化装置としての能力を知る必要があります。私たちは、森林の減少が国レベルの広域の降水量を減らすことを実際のデータとコンピュータシミュレーションの両方から確認しました。また、

気候変化に対する森林の弱さ・強さを知る必要があります。そのために、森林の環境への反応、例えば、一枚の葉の光合成速度から森林生態系全体の二酸化炭素の動きにいたるような計測を重ね、気候変化に対して森林が変わっていく様子を再現・予測するシミュレーションモデルを実測に基づいて開発しました。最終的に、森林の変化と気候変化の相互の関わり合いを知るために、森林変化モデルを地球システムモデルに組込んだ大規模なシミュレーション〜森林と気候の未来を読み解くこと〜の実行を計画しています。

私たち人類の未来を守るために。

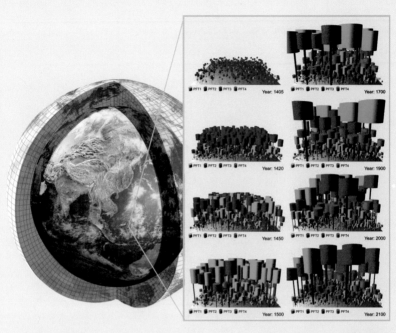

▲森林変化モデルによる、さら地（1400年）から2100年までのマレーシア熱帯雨林の動態のシミュレーション結果。色の違いは機能別に分けた樹種の違いを表しています。このような森林変化モデルが地球システムモデルの中に陸上生態系モデルとして組み込まれて、森林と気候との関係を地球レベルで調べることができます。

## 熊谷 朝臣（くまがい ともおみ）

1994年、東京大学農学部林学科卒業。2005年、九州大学大学院農学研究院助教授、2011年、名古屋大学地球水循環センター准教授、2017年より名古屋大学宇宙地球環境研究所客員教授、東京大学大学院農学生命科学研究科教授、2020よ

り米国ハワイ大学水資源研究センター客員教授。専門は生物地球科学で、気象学、植物生理学、生態学、水文学などの科学を総動員して、陸上生態系の物理環境と生物的反応の相互作用を研究している。

# 安全、危険は量次第。

**パラケルルス**（1493?〜1541年）

スイスの医学者、化学者。莫大（ばくだい）な量の医学的、哲学的、神学的著作を残し、医化学の始祖のうちに数えられています。

### CHAPTER 3

# 土砂災害の実態と対策

講師：太田 猛彦（東京大学名誉教授）

2018年、北海道胆振東部地震による山崩れ（表層崩壊）
2018年9月6日（木）　撮影：株式会社パスコ／国際航業株式会社
2018年9月　平成30年北海道胆振東部地震

# 土砂災害は天災か

## 伊豆山の土石流は
## 自然災害か

　2021年7月3日、熱海市の伊豆山で土石流が発生し、大きな被害が出ました。下の写真の中央が土石流の崩壊源地域です。

　土砂災害が起きるレベルの雨だったかというと、あのくらいの雨の量で土砂災害が起こっても不思議ではありません。晴れた日でも風化が進めば、土砂災害は起きるからです。

　73ページ下の図は、「赤色立体

地図」と言い、土砂災害を検証する際に最も使用される技術です。

　土石流は勾配が10度以下にならないと自然には止まりません。自然に止まる勾配は5度くらいです。伊豆山土石流の平均勾配は約11度で、土砂の量が多かったのでさらによく走ってしまったのです。

　2019年の東日本台風の時に箱根に1000mmもの雨が降りました。この時、この場所にはすでに土石流対策の砂防ダムがあり、砂防ダ

© アジア航測株式会社・朝日航洋株式会社

ムの容量として計算した土砂の量は4000立方メートルでした。今回、伊豆山で崩れたのは55000立方メートルです。ですから、造成された盛り土に問題があったと考えられてもいるのです。

2019年、大規模な盛り土に関する規制がかかりましたが、主に平地での盛り土についてのもので、液状化に対応するためでした。

山に関しての対策としては、保安林の指定があります。全国の森林の約半分は保安林です。保安林を他の用途に使うには、各県の森林審議会で審議がされます。

保安林でないところは、林地開発許可制度によって許可されるのですが、条件が満たされていれば行政が許可します。それと市町村の条例、国土交通省の盛り土の規制、産業廃棄物のルールなどです。

伊豆山の土砂災害を受けて、規制のルール全体としてどの部分に弱点があったのかを今後検証していくことになります。

私の経験上からは、土砂崩れが起きてもおかしくないので「天災」とも言えるのですが、内容的には人為的な問題を含んでいるといえるのではないかと思います。

● 伊豆山土石流が発生した地形と位置

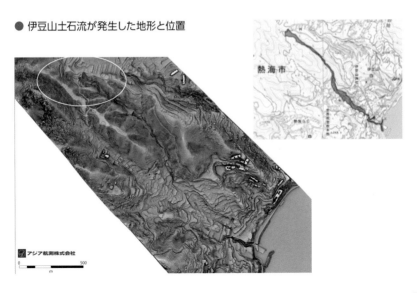

アジア航測株式会社

# さまざまな土砂災害

## 日本は自然災害が多い温帯の島国

　日本は先進国の中でも特に自然災害が多い国です。地震災害、火山災害、土砂災害、水害などです。これらは地球の活動である自然現象であって、その場所に人間がいるから自然災害になるわけです。

　同じ温帯の島国である日本とイギリスを比較すると、日本は山国で地震が多いことがわかります。その理由は、日本がプレートの沈み込み地帯にあるためで、イギリスはプレートの上に乗っているので山が少なく、地震もほとんどありません。

　もう1つ、日本はアジアモンスーン気候で夏に雨が多く、台風も多いということが、自然災害の多い原因となっています。

　それでは、日本の自然災害の中でも土砂災害について詳しく見て行きます。

　土砂災害を分類するとほぼ5種類に分けられます。①表面侵食、②表層崩壊、③深層崩壊、④地すべり、⑤土石流です。②〜④はいわゆる山崩れです。

　①の表面侵食については後で詳しく述べます。

● 土砂災害の種類

　① 表面侵食
　② 表層崩壊 ← 山腹崩壊（治山）
　　　　　　　急傾斜地の崩壊（砂防）
　③ 深層崩壊
　　（④を除く、山体崩壊を含む）
　④ 地すべり（狭義）
　⑤ 土石流

● 国土交通省（砂防部）による分類

　❶ 急傾斜地の崩壊
　　（がけ崩れ）
　❷ 地すべり
　❸ 土石流

②の表層崩壊のことを、林野庁では「山腹崩壊」、国土交通省では「急傾斜地の崩壊」とか「がけ崩れ」と呼んでいます。

これらの名称とは異なって、私たち研究者が山崩れを②表層崩壊と③深層崩壊に分けている理由は、樹木が山崩れを減災することができる可能性があるかどうかという違いです。樹木があると表層崩壊はある程度防げますが、深層崩壊は防げません。

また、④の地すべりは、深層崩壊の一種ですが、地面の動き方が特別ですので、種類を分けてあります。

最後に、②～④にともなって発生し、最も大きな被害を及ぼしているのが⑤の土石流になります。

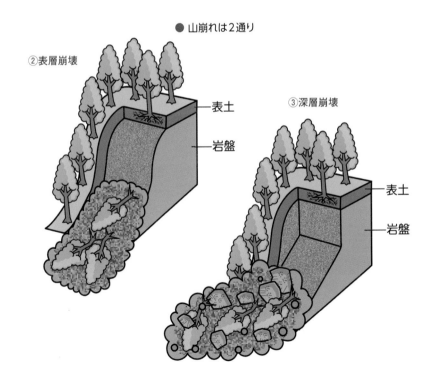

● 山崩れは2通り

②表層崩壊

表土

岩盤

③深層崩壊

表土

岩盤

## 禿げ山の表面侵食

山が崩れるということは、岩や石、砂がその下の地面からはがれることです。山の表面に侵食作用がはたらくと、土砂と水が重力によって高い所から低い所に動き、人がいる場所に到達することで土砂災害となります。

表面侵食は、山が崩れるというよりも、雨によって表面が削られる現象です。ですから、森林があれば表面侵食を防ぐことができます。

ところが、日本の山は昭和の中期まで数百年にわたって禿げ山ばかりでした。実は耕した畑でも、大雨が降るとクラストという層ができ、地下に入らない水が地表を流れます。そこで起きるのが洪水です。日本は毎年洪水が起こってきました。その時に表面侵食も起きていました。

戦後、山にたくさん木を植えたために、昭和の終わりから平成の初めまで、洪水の少ない時代が続きました。そこにはもちろん堤防が作られたという要因もあります。

1904年の愛知県春日井郡坂下町
（現春日井市）の禿げ山

● 表面浸食の仕組み

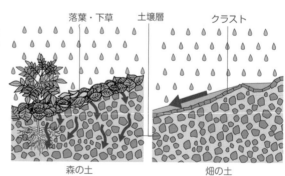

裸地（禿げ山）
落葉や下草だけでなく土壌層も消失している場合が多い

落葉・下草　土壌層　クラスト

森の土　　　畑の土

表面侵食が続くと長期的には土壌層が消失

落葉・下草が存在しない（裸地）場合は、土壌表面の目詰まりによる層（雨撃層、クラスト）が雨水を浸透させず、地表流が発生する

# 表層崩壊とは

## 急斜面や谷の上流で起きる表層崩壊

雨が降って起きる山崩れのほとんど（100のうち99以上）は、表層崩壊で、深層崩壊は起きる地域が限定されています。ですから、山地や丘陵地などに住む人は、表層崩壊の仕組みをしっかり理解する必要があります。

表層崩壊には2つの特徴があります。1つ目は、急斜面で起きるものです（写真左側）。2つ目は、そこまで急斜面でなくても、へこんでいる斜面で起きるものです（写真中央）。谷の最も上流の谷（ゼロ次谷）に水がたまると、それほど急斜面でなくても起こりやすいのです。また、写真では表層崩壊が土石流化していることがわかります。

もう1つ写真からわかることは、表層崩壊は森林の少ない場所で起こっていることです。森林が多い場所ではあまり起きていません。

つまり、森林はかなり表層崩壊を防ぐことができるのです。

典型的な表層崩壊
急斜面の崩壊
0次谷の崩壊
土石流化

2018年9月6日（木）　撮影：株式会社パスコ／国際航業株式会社
2018年9月　平成30年北海道胆振東部地震

## 豪雨による表層崩壊の発生と森林による抑制メカニズム

次に、豪雨による表層崩壊のしくみを説明します。

山の斜面の土壌には、表面に水を浸透させやすい「風化土壌層」という層があり、その下に水を通しにくい「基岩盤」の層があります。

表層崩壊が起きるかどうかは、この風化土壌層とその下の基岩盤の状態によります。

普通の量の雨が降った場合、風化土壌層底部、基岩盤の上にある「パイプ状水みち」と呼ばれる効率的排水システムがはたらいて、地下水面の上昇を抑えます。

ところが、この排水システムの許容量を超えた雨が降ると、地下水面が上昇して、風化土壌層がはがれて、表層崩壊を起こします（下図）。

それを防いでいるのが、樹木の根です。木の根が基岩盤まで食い込んでいる「杭効果」と、根同士がスクラムを組んで支え合っている

● 山の地層と排水のしくみ

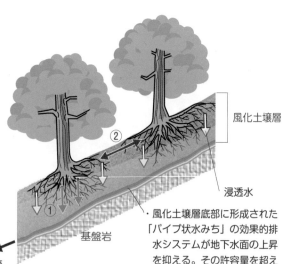

樹木の根系は、
① 「基岩盤へ侵入した根」
（杭効果）
と
② 「隣接した樹木の根系同士の絡み合い」
（ネット効果）
で
風化土壌層 を
保持する

パイプ流

風化土壌層

浸透水

基盤岩

・風化土壌層底部に形成された「パイプ状水みち」の効果的排水システムが地下水面の上昇を抑える。その許容量を超えると、地下水面が上昇する。

「ネット効果」によって、風化土壌層を支えているのです。

　それでも崩れることがあるのは、「せん断破壊」という物理の仕組みです（下図）。

　せん断破壊というのは、ある斜めの線によってずれることです。地震の時の断層のずれも同じです。

　斜めの斜面に物を置くと滑ろうとする「せん断力」がはたらきます。斜面の角度が小さくなるにつれて滑りを止めようとする摩擦力（せん断抵抗力）が大きくなります（下図）。

　せん断力には、重力、地震の力、勾配などが影響します。

　風化土壌層の下に水がたまることによって摩擦力が低下しますので、表層崩壊が起こりやすくなるということです。

　また、表層崩壊がどんな地質で起こりやすいかと言うと、花崗岩、堆積岩（特に新第三紀層や変成帯）の地質に多発する傾向があります。

● せん断破壊しくみ

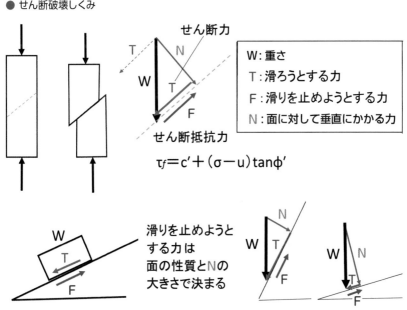

せん断力

W：重さ
T：滑ろうとする力
F：滑りを止めようとする力
N：面に対して垂直にかかる力

せん断抵抗力

$$\tau_f = c' + (\sigma - u)\tan\phi'$$

滑りを止めようとする力は面の性質とNの大きさで決まる

## 森林は表層崩壊を防ぐが極端な豪雨が増加している

　下のグラフは、日本の森林面積と蓄積量の変化を表したものです。

　戦後の植林によって人工林が増えたために、森林面積は変わっていませんが蓄積量は年々増え続けています。国産材供給量が最大の時期も資源量は増加していました。現代は「森林飽和」の時代なのです。

　森林が増えると、表層崩壊が防げるはずなのに、最近頻繁に土砂災害が起きるようになったのはどうしてでしょう?

　実は、右ページ上のグラフを見る

とわかりますが、昔に比べて、今は降水量が増えているにもかかわらず山腹崩壊の件数は極端に減っているのです。森林は役に立っているのです。

　山腹崩壊の件数が減っているのに、大きな土砂災害が増えている原因は、地球温暖化による極端な豪雨の増加です。

　右下のグラフは、豪雨の発生件数と斜面災害の発生件数の変化を表したものです。近年、豪雨の件数増加とともに、斜面災害の件数も増えていることがわかります。

● 日本の森林面積・蓄積量の変化

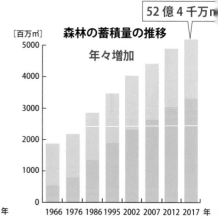

● 降雨量の変化と山腹崩壊の発生件数の比較 (林野庁)

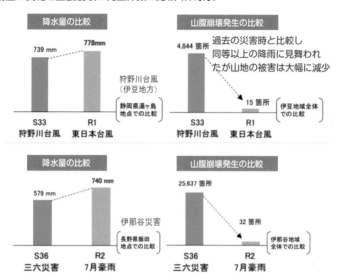

降水量の比較

739 mm　778mm

狩野川台風
（伊豆地方）

静岡県湯ヶ島
地点での比較

S33　　R1
狩野川台風　東日本台風

山腹崩壊発生の比較

4,844 箇所

過去の災害時と比較し
同等以上の降雨に見舞われ
たが山地の被害は大幅に減少

15 箇所

伊豆地域全体
での比較

S33　　R1
狩野川台風　東日本台風

降水量の比較

579 mm　740 mm

伊那谷災害

長野県飯田
地点での比較

S36　　R2
三六災害　7月豪雨

山腹崩壊発生の比較

25,637 箇所

32 箇所

伊那谷地域
全体での比較

S36　　R2
三六災害　7月豪雨

● 豪雨と斜面災害の発生数 (国土交通省)

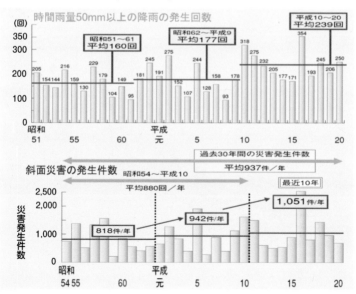

(回)　時間雨量50mm以上の降雨の発生回数

平成10〜20
平均239回

350
300
250
200
150
100
50
0

昭和51〜61
平均160回

昭和62〜平成9
平均177回

205　154 144　216　159　229　179　130　104　95　149　181　245　191　275　152　244　107　128　158　93　178　318　275　232　205　177 171　354　193　245　206　250

昭和
51　　55　　60　　元　　5　　10　　15　　20
　　　　　　　　　平成

斜面災害の発生件数　昭和54〜平成10

過去30年間の災害発生件数
平均937件／年

平均880回／年

最近10年
1,051件／年

2,500
2,000
1,000
0

942件/年

818件/年

昭和
54 55　　60　　元　　5　　10　　15　　20
　　　　　　　　平成

災害発生件数

# 深層崩壊とは

## 大きい山地で起きる深層崩壊

83ページの写真は、2011年9月に奈良県で発生した深層崩壊で、私が上空から撮影しました。

こうした深層崩壊は次のような特徴があります。

1 深層崩壊は、基盤岩や厚い堆積層の崩壊、山体崩壊などで大規模かつ大量の土砂を発生させる。

2 大起伏山地（日高山脈・赤石山脈・飛騨山脈・紀伊山地・四国山地・九州山地）や、比高の大きい斜面で発生する。

3 地質・地質構造との関連性も大きく、四万十帯・秩父帯・三波川帯など（付加体）の中古生代堆積岩で発生。火山性山地でも発生する。地すべり性のものもある。

● 深層崩壊推定頻度マップ

凡例

● 深層崩壊発生箇所

特に高い

高い

低い

特に低い

4 地下の地層の境界（層理）・断層・弱線（節理など）への地下水の供給増加が原因。
→せん断破壊が発生、
→大規模土石流（流れ山などを含む）が発生する傾向がある。
→場合によっては土砂ダム（天然ダム）を形成。

5 クリープ、多重山稜、クラック、末端小崩壊、はらみ出しなどの微地形を有し、変容する。時には地下水位の変化もある。

● 深層崩壊による被害形態

①崩壊土砂の崩落

崩壊

崩落土砂による被害

当時、ヘリコプターから太田猛彦が撮影

②土石流の流下

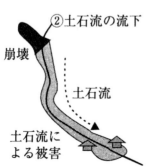

崩壊

土石流

土石流による被害

③天然ダムの形成・決壊

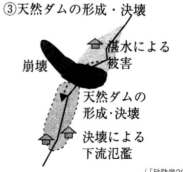

崩壊

湛水による被害

天然ダムの形成・決壊

決壊による下流氾濫

（「砂防学2019」）

深層崩壊の誘因は大量の雨ですが、深い所に溜まった水の水位が上がるまで時間がかかるので、いつ起きるか予測できません。

そこで、微地形を探索して、危険斜面を抽出し、山の上に変異が起こっているかどうかなどの兆候を見つけるしかありません。森林の上と下の地面の両方が一度に測れる航空レーザー測量が有効で、赤色立体地図などで表現されています。

● 大規模斜面の微地形

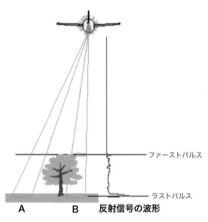

**図中記号**
a：主稜線，　b：山頂緩斜面，　c：二重山稜，　d：多重山稜，　e：線状凹地，　f：(山向き)小崖地形，　g：円弧状クラック，　h：岩盤クリープ斜面(あるいは、地すべり地形)　i：遷急線

● 航空レーザー測量

反射信号の波形

ファーストパルス
ラストパルス
A　B

● 赤色立体地図

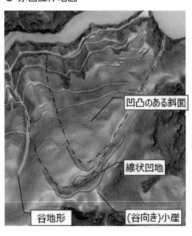

凹凸のある斜面
線状凹地
谷地形
(谷向き)小崖

・航空機からレーザ光を1秒間に 50,000 〜 100,000 発射
・地上の 50cm 間隔に地表の標高と樹冠表面の標高を計測
・地表面の凹凸を「赤色立体地図」で表現したものが著名
・近年、多くの応用面が開発されている

# 地すべりが発生する場所はだいたい決まっている

　地すべりは、深層崩壊の一種ですが、地すべり地帯はだいたい決まっています。また、水を抜くという防災技術が確立されています。

　地すべりの特徴は以下のようにまとめられます。

○長雨や融雪期、地震等により発生。

○特定の地質条件（第三紀層地域、破砕帯、火山性山地：温泉地すべり）の地域で発生することが多い。

○地下水の増加により発生（発生メカニズムは深層崩壊に類似）。

○流動・移動速度は比較的緩慢（ゆっくりすべる）。

○地すべり粘土と呼ばれる粘土が存在することが多い。

○繰り返し発生することが多い。

○全体が特徴ある形状、すなわち独特の等高線形状を呈することが多い（地すべり地形右上図）。

　日本海側のグリーンタフ（緑色系統の凝灰岩でできた地層）と呼ばれる地域や温泉地帯など、地すべりが起きやすい場所では、これまで独特の対策が取られてきました。

　水を抜くために集水井や排水工、集水ボーリング工のほか、移動を止める杭工やアンカー工、排土工などがあります（下図）。

● 地すべり地形（等高線の形状に注意）

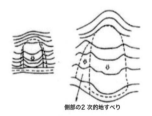

側部の2次的地すべり

**単丘状凹状台地状地形**

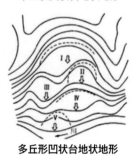

**多丘形凹状台地状地形**

● 地すべり防止工

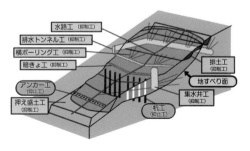

水路工（抑制工）
排水トンネル工（抑制工）
横ボーリング工（抑制工）
暗きょ工（抑制工）
アンカー工（抑止工）
押え盛土工（抑止工）
排土工（抑制工）
地すべり面
集水井工（抑制工）
杭工（抑止工）

# 土石流とは

## いったん流れ出すと
## 山崩れの土砂は土石流になる

　土石流は、深層崩壊や地すべり性崩壊によって起きることもありますが、多くの場合、豪雨による表層崩壊の発生によって、崩壊土砂が流動化して起きるものです（下図の「発生形態2」）。

　その他には、「発生形態1」の渓床の不安定な土砂に渓流水が加わって土石流化する場合や、「発生形態3」のように天然ダムの決壊によって起きる場合もあります。

　土石流は、流下途中で渓床や渓岸を侵食して、大規模化します（右ページ上図）。また、高速で直進性があるために破壊力が大きく、犠牲者の発生や家屋の破壊をともなう深刻な土砂災害を引き起こします。

　土石流には泥流型土石流と石礫

● 土石流の発生形態

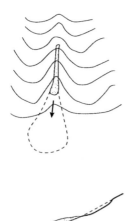

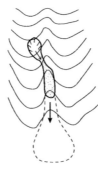

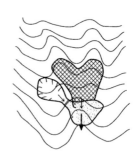

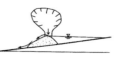

**発生形態1**
渓床不安定土砂再移動型

**発生形態2**
斜面崩壊型

**発生形態3**
天然ダム決壊型

型土石流があります。土石流の構造は固液混相流といって、液体の水と固体の石や土が一体になって流れます（下図）。

大きな石は重いので、ふつうは水の下を流れますが、土石流は水と砂が一体に流れるので、石同士がぶつかってはね、水に浮かびながら流れ、先端に大きな石が集まっています。

土石流は豪雨中に繰り返し発生することがあります。

● 土石流の発生・流下・堆積

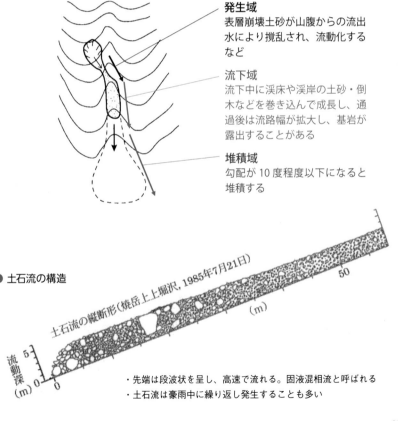

**発生域**
表層崩壊土砂が山腹からの流出水により撹乱され、流動化するなど

**流下域**
流下中に渓床や渓岸の土砂・倒木などを巻き込んで成長し、通過後は流路幅が拡大し、基岩が露出することがある

**堆積域**
勾配が10度程度以下になると堆積する

● 土石流の構造

土石流の縦断形（焼岳上上堀沢, 1985年7月21日）

50

流動深 (m)

・先端は段波状を呈し、高速で流れる。固液混相流と呼ばれる
・土石流は豪雨中に繰り返し発生することも多い

## 土砂災害の起こり方 (まとめ)

**❶** 豪雨の際の表層崩壊 (がけ崩れ・山腹崩壊) は降雨の激しいときに急斜面や凹斜面で起こる。

　・凹んだ斜面の直下は特に危険である。

**❷** 地震の際の山崩れ (表層崩壊・がけ崩れ) は、急傾斜の凸斜面でも起こる。

**❸** がけ崩れの土砂は高さの2倍ほど広がる。

**❹** 流動化しやすい地質や雨量が多い場合はさらに遠方まで到達する。

**❺** 小さな表層崩壊でも流木を流出させることが多い。

**❻** 深層崩壊 (大崩壊) は、豪雨が続くときや豪雨後、あるいは大地震の発生時に起こる。

**❼** それらは土石流化する場合が多い。時には天然ダムを形成する。

**❽** 地すべりは豪雨後や融雪時に動くことが多い。

　・繰り返し動いたり土石流化することもある。

**❾** 土石流の大部分は表層崩壊の土砂が (集まって) 流動化して発生する。

　・最近の土石流は ㋐小さな崩壊が起源となって、そこに ㋑豪雨による大量の流出水が加わって、 ㋒流路の堆積土砂を巻き込んで土石流化するケースが目立つ。また、小さな沢でも土石流が発生することが多くなった。

**❿** 大きな土石流は直進する性質がある。

**⓫** 大洪水は谷幅いっぱいに流れる (水位が上がる)。

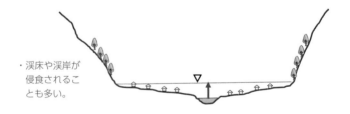

　・渓床や渓岸が
　　侵食されるこ
　　とも多い。

**⓬** 洪水は大量の土砂や流木を運ぶ。

**⓭** 流木は山腹表層崩壊地の樹木だけでなく、山麓や河畔・渓畔からも大量に流出する。

# 土砂災害の防災・減災対策

## 土砂の流れを止める
## 砂防ダム

　土砂災害に対する防災・減災対策は大きく「ハード対策」と「ソフト対策」に分けられます。

　ハード対策とは砂防ダムを建設したり山腹工を施工したりするなどの物理的な対策です。多額の予算が必要で、行政が行います。

　一方、ソフト対策とは防災教育や防災訓練をしたり、防災情報を発信したりするなど非物理的な防災対策です。

　ハード対策には、国土交通省砂防部が行う砂防事業と、林野庁が行う治山事業があります。

　砂防事業で設置される砂防ダムは土石流の流れを調節する透過型砂防ダムと、土石流をくい止めたりするための不透過型砂防ダムの2種類があります。

　砂防ダムには、流木による被害を防ぐための流木捕捉工を施す場合もあります。

● 砂防ダムの種類

不透過型砂防ダム→

↑透過型砂防ダム

砂防ダムと流木捕捉工→

## 土砂災害を防ぐ森林を保全するための保安林

林野庁の行う土砂災害対策に、保安林の指定があります。

保安林は、水源の涵養、土砂の崩壊その他の災害の防備、生活環境の保全・形成等、特定の公益目的を達成するため、農林水産大臣又は都道府県知事によって指定される森林です。

保安林では、それぞれの目的に沿った森林の機能を確保するため、立木の伐採や土地の形質の変更等が規制されます。治山事業によるハード対策も行われます。

## 警戒避難の基本となるハザードマップ

表層崩壊や土石流の発生に対して、全ての斜面と渓流で完全なハード対策を実施するのは予算面からほとんど不可能です。したがって、谷の出口より下流では土石流の流下特性を熟知した警戒・避難対策で対応することになります。

崩壊や土石流・洪水氾濫の危険を避けるためには地域の地形を見分ける必要があります。一般には、危険な場所・安全な場所の確認といくつかの避難路の確認が重要です。そこで、警戒避難の基本とな

● 土砂災害ハザードマップの例 (尾鷲市土砂災害ハザードマップ)

るのがハザードマップ（左ページ下図）の利用です。

　ハザードマップには、土砂災害防止法に基づいて指定された、土砂災害警戒区域（通称イエローゾーン）と土砂災害特別警戒区域（通称レッドゾーン）が設定されています。急傾斜地の崩壊、地すべり、土石流の危険がある地域それぞれについて、地図に色分けで示されています。

　自分たちの住む地域のどこに土砂災害の危険があるかを、ハザードマップによって知ることができるとともに、いざという時の避難行動の判断材料となります。

　ただし、住んでいる家がハザードマップの警戒区域の外にあっても注意は必要です。

　また、砂防事業や治山事業によるハード対策を進めるために調査された土砂災害危険箇所や山地災害危険地区も参考になります。

## ● 土砂災害警戒区域と土砂災害特別警戒区域

### 土砂災害特別警戒区域（通称：イエローゾーン）　土砂災害防止法施行令　第二条

**■急傾斜地の崩壊**
- イ　傾斜度が30度以上で高さが5m以上の区域
- ロ　急傾斜地の上端から水平距離が10m以内の区域
- ハ　急傾斜地の下端から急傾斜地高さの2倍（50mを超える場合は50m）以内の区域

**■土石流**
　土石流の発生のおそれのある渓流において、扇頂部から下流で勾配が2度以上の区域

**■地すべり**
- イ　地すべり区域（地すべりしている区域または地すべりするおそれのある区域）
- ロ　地すべり区域下端から、地すべり地塊の長さに相当する距離（250mを超える場合は250m）の範囲内の区域

### 土砂災害警戒区域（通称：レッドゾーン）　土砂災害防止法施行令　第三条

急斜面の崩壊に伴う土石等の移動等により建築物に作用する力の大きさが、通常の建築物が土石等の移動に対して住民の生命または身体に著しい危害が生ずるおそれのある崩壊を生ずることなく耐えることのできる力を上回る区域。

＊ただし、地すべりについては、地すべり地塊の滑りに伴って生じた土石等により力が建築物に作用した時から30分間が経過したときにおいて建築物に作用する力の大きさとし、地すべり区域の下端から最大で60m範囲内の区域。

## 警戒レベル4までに避難することが重要

大雨が降ると予想された場合、土砂災害警戒情報が発表されます。時間経過で示すと、大雨注意報→大雨警報→土砂災害警戒情報→大雨特別警報となります（右図）。

これらとともに土砂災害の警戒レベルが発表されます（下図）。警戒レベル3になると、高齢者等を危険な場所から避難させなければなりません。また、警戒レベル4になると、避難指示が出され、全員が避難しなければなりません。2021年に、災害対策基本法や土砂災害防止法が改正され、避難勧告・避難指示は避難指示に一本化されました。

警戒レベル4までに全員避難することが重要ですが、最近の土石流災害では、予想外の雨量が短時間で降ることが多いため、各自が気象情報を早期に取得し、また各種予

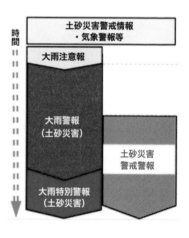

| 警戒レベル | 状況 | 住民がとるべき行動 | 行動を促す情報 |
|---|---|---|---|
| 5 | 災害発生又は切迫 | 命の危険 直ちに安全確保！ | 緊急安全確保※1 |
| | | ＜警戒レベル4までに必ず避難！＞ | |
| 4 | 災害のおそれ高い | 危険な場所から全員避難 | 避難指示 （注） |
| 3 | 災害のおそれあり | 危険な場所から高齢者等は避難※2 | 高齢者等避難 |
| 2 | 気象状況悪化 | 自らの避難行動を確認 | 大雨・洪水・高潮注意報（気象庁） |
| 1 | 今後気象状況悪化のおそれ | 災害への心構えを高める | 早期注意情報（気象庁） |

兆をつかみ、危険を予測することが大切です。想定外のことが起きることも覚悟しておかなければなりません。

土石流・洪水流の性質を知り、マイタイムラインに沿った各種危険を避ける避難行動をとることが、減災につながるのです。

● 豪雨による災害の危険が迫った場合の個人の対応

▶危険を感じたらできる限り正確な情報を得る
　　・・・スマートフォンの防災情報が有効
▶予兆は全五感を働かせてとらえる
★避難スイッチ ON で避難開始
　　・・・例えば、〇〇橋の下で水位が△△岩まで達したら避難
　　　　→地区防災計画（後述）で決めておこう
▶時間があれば緊急避難場所へ
　　・・・普段から避難の道筋を点検しておく
　　　　（災害発生時の時刻・天候・交通状況などを考慮して）
▶危険が迫り緊急避難場所等に到達する見込みがないとき
　　　　①浸水した場所を歩くことは危険（側溝やマンホールがある）
　　　　②水路や川を超えることは（たとえ小さな水路でも）危険
▶ほとんどが"流れ（土砂などの移動）"による災害なので、
　　　　①より高いところ、②流れの陰になる場所、
　　　　③コンクリート製の丈夫な建物のより高いところも有効
▶さらに危険が切迫した場合
　　・・・建物内での　①垂直避難（より高い階へ）、
　　　　　　さらに　　②水平避難（流れの下流側の場所へ）
〇普段から自分の居場所の安全性の確認を
　　　　①まず、ハザードマップで確認を
　　　　②山地・丘陵地では、急斜面直下、凹斜面の下およびその中心線の延長上、
　　　　　渓流や小沢の出口付近の流路の延長上などが特に危険。盛土した場所や
　　　　　谷を埋め立てた場所も注意。
　　　　③平地では現在の水路（暗渠も）のほか、古い地形図（地図でない）でか
　　　　　つての流路・沼・湿地・水田などを確認しておく。

## 土砂災害の防災・減災（まとめ）

❶ 表面侵食は適切な森林管理によってほぼ防止することができる。

❷ 表層崩壊は適切な森林管理によって大幅に減少させることができる。

　　　　また、これによって土石流の発生を減少させることにもなる。ただし、森林による表層崩壊の防災効果には限界があることを知る必要がある。
　　　　したがって全国に表層崩壊の発生が予想される場所、特に土石流化の恐れがある場所では渓流に砂防ダム・治山ダムなどのハード対策を実施し、住民はハザードマップなどを参考にしたソフト対策も進めるべきである。

❸ 深層崩壊は現在の科学では発生を予測できない。

　　　　ただし、発生の可能性がある地域は推定できるので、その地域では常に危険斜面で予兆に気を配る必要がある。
　　　　防災・減災はソフト対策が基本になる。

❹ 地すべりはハード対策が進んでいるが、いわゆる地すべり地域では
　 深層崩壊に準じた対応が必要である。

❺ 土石流は発生すると深刻な被害を及ぼすことが多い。

　　　　山地からの土砂流出を減災するハード対策の実施と、土石流の流路にあたる区域でのハード対策・ソフト対策が重要である。
　　　　ハード対策としては通常のダム工、土石流対策ダムの設置、護岸工、擁壁工などが有効である。最近は流木の流出を伴うので流木捕捉工も必要である。
　　　　豪雨の際はマイタイムラインに沿って身の安全を図る必要がある。

○ 土砂災害から身を守るためには、豪雨の際はマイタイムラインに沿って
　 早めに身の安全の確保を図る必要がある。


★ ハード対策：防災工事　ダム工、土石流ダムの設置など

★ ソフト対策：警戒・避難対策

　　 防災教育・ハザードマップ・マイタイムライン
　　　　　　・地域防災計画・防災訓練など
　　 防災情報・気象情報（大雨特別警報・大雨警報・大雨注意報）
　　　　　　・土砂災害警戒情報
　　　　　　・顕著な大雨に関する情報（線状降水帯の発生を知らせる情報。
　　　　　　　予報・警報ではない）
　　　　　　・避難情報（緊急安全確保・避難指示・高齢者等避難）など

# 土地を知り、災害に備える

　地球には、水の循環と大地（土）の循環という二つの物理的な循環があります。この二つの循環は、山崩れや洪水などを引き起こしますが、そこに人間がいなければ、単なる自然現象です。

　日本は、独特な地勢や気候のため、昔から自然災害が多く、歴史を振り返ると、地震、火山噴火、山崩れ、洪水などの大きな被害を何度も受けてきました。

　そして、最近毎年のように起こって、大きな被害をもたらしているのが土砂災害です。

　わたしたち人間が地球の物理的な循環や気候を変えることはできませんので、土砂災害をなくすことはできませんが、災害を減らすこと（減災）はできます。

　そのためには、土砂災害が起きるしくみを知ること、そして、今自分たちが住んでいる土地が、どんな地形や地質で、どんな危険があるかを知ることが大切です。

　他の県で起きている土砂災害のニュースを見た時に、他人事としてとらえるのではなく、自分にも起こりうることとして、今一度、防災対策を見直すことをお願いします。

## 太田 猛彦 （おおた たけひこ）

1971年東京大学農学部林学科卒業。1978年同大学院農学系研究科博士課程修了（農学博士）。1985年東京農工大学農学部助教授。1990年東京大学農学部教授。2003年東京大学名誉教授、東京農業大学地域環境科学部教授（2009年退職）。

現在、かわさき市民アカデミー学長、FSCジャパン議長、みえ森林林業アカデミー学長、さいたま緑のトラスト協会理事長など。

# 赤色立体地図

赤色立体地図は、数値標高データ（DEM）から、傾斜量を赤色の彩度で、尾根谷度を明度にして調製した新しい地形の立体表現手法です。これまでの等高線で高低を表現していた地形図では分かりにくかった微細な地形などを、細かく立体的に表現しています。

## 赤色立体地図の特長

（資料＝アジア航測株式会社）

赤色立体地図は、航空レーザ計測結果を表現するために開発されました。

航空レーザ計測は、膨大な量の数値地形データが取得できます。しかし、これまでの等高線図で表す手法では、取得したデータのうち、所定の等高線間隔と一致する一部のデータしか使えませんでした。あるいは、たくさんのデータを用いて等高線を描くと、線と線の間隔がせばまりすぎて、凹凸の入り混じった地形は表現しにくいという不都合がありました。

そこで、等高線という「線」で表現していた地形を、「赤色の彩度と明度」を使って「面」で表現しました。全ての数値地形データを使う方法に変えたことによって、地形の細かな凹凸が見えるようになり、実際の現地の地形状況を見た目どおりに表現できるようになりました。

また、これまでは地形を把握するために、2枚の空中写真を立体視していましたが、1枚の画像で立体的に見えるようにしました。

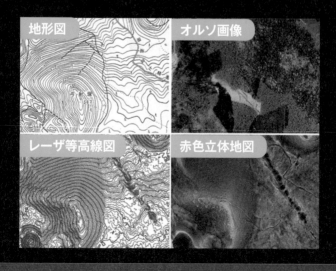

地形図

オルソ画像

レーザ等高線図

赤色立体地図

# 赤色立体地図で見る崩壊

## 表層崩壊

　斜面崩壊のうち、山の表面をおおっている土壌の部分だけが薄く崩れ落ちる場合が表層崩壊です。2010年7月、梅雨前線に伴う豪雨により、全国各地で豪雨災害が発生し、広島県庄原市を中心とした地域では表層崩壊・土石流が多数発生しました。表層崩壊の跡地は、地表をスプーンで削り取ったような楕円形の窪地として現れることが多いです。

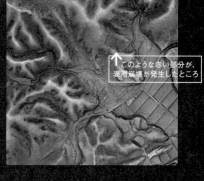

このような赤い部分が、表層崩壊が発生したところ

## 深層崩壊

　斜面崩壊のうち、すべり面が表層崩壊よりも深部で発生し、表土層だけでなく深層の地盤までもが崩壊土塊となる比較的規模の大きな崩壊が深層崩壊です。図の黄色の部分は、2018年4月、大分県中津市耶馬溪町金吉で発生した深層崩壊です。複数戸の家屋が土砂に巻き込まれました。

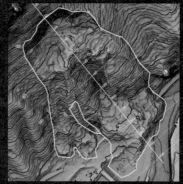

## 地すべり

　山地や丘陵地、台地を構成する地質の一部が、下方に移動することで作られる地形で、円弧状の急崖（滑落崖）とその下部に位置する比較的平坦部分（移動土塊）で構成されます。2004年10月、新潟県中越地方の震度6強の地震により、地すべりや斜面崩壊が起き、大きな災害が発生しました。図の線で囲まれたところが、地すべりが起きたところです。

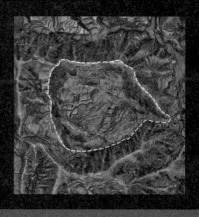

人間は自然のうちでもっともひ弱い一茎の葦にすぎない。しかしそれは考える葦である。

フレーズ・パスカル （1623〜1662年）

フランスの数学者、物理学者、哲学者。「パスカルの定理」「パスカルの三角形」にその名を残しています。

# CHAPTER 4

# 流域治水構想について
## ―2つの河川の話―

講師：**石川 忠晴**（東京工業大学名誉教授）

# 水害の激化と流域治水

## 近年の水害の激化

　日本は昔から水害の多い国です。海に囲まれているため大気に含まれる水分量が多く、台風や前線の活動によって集中豪雨が発生しやすいからです。また、日本の河川は大陸の河川に比較して短く且つ急勾配であるため（図-1.1.1）、同じ雨でも洪水流量が大きいです。特に2014年以降は、集中豪雨による大水害が毎年発生するようになりました（表-1.1.1）。

　近年の観測によると、積乱雲がほぼ同じところから次々に発生して帯状の雨域を形成し、長時間の集中豪雨をもたらしています。この現象を「線状降水帯」と呼びます（図-1.1.2）。

　積乱雲は水蒸気を多量に含む暖かい空気が上昇することによって発達します。大気圧は高度とともに低

● 雨量レーダが捉えた線状降水帯
　（赤・黄の部分）[図-1.1.2]

● 日本の河川と大陸の河川の縦断図 [図-1.1.1]

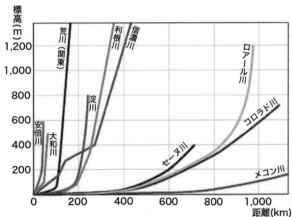

下するので、上昇した空気は膨張によって冷やされます。この過程は断熱膨張と呼ばれます。すると水蒸気が細かな水滴となり凝縮熱が放出され、同じ高度の空気より相対的に高温となるので、さらに上昇します。その結果、水滴（あるいは氷粒）を多量に含む積乱雲が発達し、上昇流が水滴を支えられなくなると豪雨が発生します（表-1.1.1）。

近年の集中豪雨の多発化の原因は「地球温暖化」であると考えられます。日本近海の海水面温度の上昇により、積乱雲が発生しやすくな

るからです。IPCCの予測によれば（図-1.1.3）、温暖化対策を何も行わないと、地球の平均気温はオレンジ線のように上昇し、今世紀末には現在より3.5℃高くなります。一方、2015年のパリ協定を参加国が順守した場合には0.4℃の上昇ですみます。しかし全参加国が協定を守るという保証はありませんし、今までの上昇分を昔に戻すこともできません。そこで国土交通省（以下では国交省）は、降雨量と洪水流量が今世紀末には表-1.1.2のように増加すると予想しています。

● 大水害を起こした近年の集中豪雨 [表-1.1.1]

| 発生年月 | 名　称 |
|---|---|
| 2014.8 | 広島豪雨 |
| 2015.9 | 関東・東北豪雨 |
| 2016.8 | 北海道・東北台風 |
| 2017.7 | 九州北部豪雨 |
| 2018.7 | 西日本豪雨 |
| 2019.10 | 東日本豪雨 |
| 2020.7 | 令和2年豪雨 |

● IPCCによる地球平均気温の上昇予測 [図-1.1.3]
※パリ協定…2020年以降の気候変動問題に関する国際的枠組み。

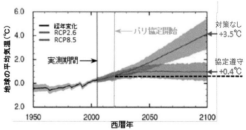

● 今世紀末の洪水増加倍率（国交省予測）[表-1.1.2]

| 気候変動シナリオ | 降雨量 | 流量 |
|---|---|---|
| RCP2.6（対策なし） | 約1.1倍 | 約1.2倍 |
| RCP8.5（協定遵守） | （約1.3倍） | （約1.4倍） |

**WORD** IPCC…地気候変動に関する政府間パネル（Intergovernmental Panel on Climate Changeの略）。人為起源による気候変化の影響、緩和方策を、各国から推薦された科学者が参加して評価する国際組織。

## 流域治水プロジェクト

　洪水災害を防ぐための公共事業を治水事業といいます。治水事業を所管する国交省は、「流域治水プロジェクト」というタイトルで、2020年7月に従来の治水方針とは異なる新たな方針の概要を公表しました。そして2021年5月「流域治水関連法案」が国会で承認されました。

　従来の治水方針は1964年に定められました。それによれば、まず「〇〇年に一回程度生じる洪水までは氾濫させない」という目標を水系ごとに定めます。この目標値は1/〇〇というように逆数で表示され、「目標治水安全度」あるいは「目標洪水の年発生確率」と呼ばれます。国が管理する一級河川での目標洪水の年発生確率は、1/100から1/200とされています。次に過去の降雨データの確率統計処理から1/〇〇の降雨を推定し、その洪水を安全に流すためにダムや堤防を建設します。しかし治水工事には多大の予算と時間がかかるので、目標達成はかなり先のことです。全国には

● 雄物川の現況治水安全度　[図-1.2.1]

一級河川水系が109ありますが、その大部分の現況治水安全度は1/50以下なのです。図-1.2.1に秋田県を流れる雄物川の現況治水安全度を示しますが、本川の大部分は1/30以下（赤色）となっています。

　地球温暖化によって洪水の規模と頻度が増大すると、今までは100年に一回と考えられていた洪水が80年に一回起きるかもしれません。つまり、治水事業を進めても、目標達成はさらに先になり、洪水氾濫が減らないことになります。そこで国交省は、河川氾濫が生じても水害が拡大しないように、「流域治水」という新たな治水方針を打ち出したわけです。その対策は以下の3つの項目からなります。

①氾濫をできるだけ防ぐ・減らすための対策
②被害対象を減少させるための対策
③被害の軽減・早期復旧・復興のための対策

項目①は従来の治水事業とほぼ同じで、河川管理者が行うダムや堤防などの工事です。②は浸水しやすい土地の宅地制限や、浸水に強い家屋構造への改築などです。③は

水害危険性や水害軽減方策に関する情報提供などです。流域治水のポイントは②と③です。ただし、特に②についての具体的な内容は今後検討されることになっており、しばらくは主に従来の治水事業（①）が継続される予定です。実際、国交省は一級水系の当面の治水事業費を17兆円と試算していますが、それらは①の未完成分に投入されることになっています。また現在の目標治水安全度を達成するにはまだ時間がかかることから、当面の目標を「戦後最大洪水への対処」としています。2020年が戦後75年ですから、約1/75の治水安全度ということになります。

## 従来の治水事業

　従来の治水事業は、図-1.3.1に示す高水流量配分図に基づいて工事を行います。河道の中の数字は目標とする洪水の流量を表し、計画高水流量と呼ばれます。支川の合流によって本川流量は増加しますが、それを安全に流下させるために、河道の断面積を増加させます。またダムや遊水地で洪水の一部を貯留し、流量を減少させます。

　ダムは一般に上流部の山中に建設される大規模な貯留施設です。利根川支川の我妻川に最近完成した八ッ場ダム（図1.3.2）は、高さが116mで、洪水調節のための容量は東京ドームの52倍の6,500万㎥（立方メートル）もあり、計画高水流量を3,000㎥/s（立方メートル/秒）から200㎥/sに減少させます。一方、遊水地は河川中流部の平地に建設される貯留施設です。北上川で完成間近の一関遊水地は平面積が1,450ヘクタールあり、計画高水流量を2,300㎥/s減少させます。このような大規模貯留施設は洪水量の低下に有効ですが、建設のた

● 八ッ場ダム ［図-1.3.2］

● 高水流量配分図（イメージ）［図-1.3.1］

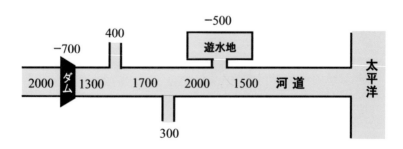

めの費用と時間がかかります。八ッ場ダムの場合は約35年の歳月と約5,500億円の費用を要しました。また一関遊水地では完成予定の2026年までの合計54年間で2,700億円を要する見込みです。これらの大型施設は、建設適地の減少、居住者の移転や生活の保障などの問題により、今後は建設が難しくなる恐れがあります。

一方、河道の断面積を増加させる方法は、図-1.3.3に示すように3つあります。第一は堤防を高くすることで「堤防嵩上げ」といいます。既存の堤防を大きくすればよいので、3つの方法の中で最も簡単です。ただし堤防は土でできているので高くし過ぎると浸透流によって壊れやす

くなります。第二は「河床浚渫」といって、河底を深く掘り下げる方法です。ただし川に住む生物に悪影響を及ぼすことがあります。また上流から流下する土砂によって掘削箇所が埋まってしまうこともあります。第三は「引堤」といって、堤防の位置を変更して川幅を広げる方法です。ただし堤防の敷地を新たに確保する必要があり、また橋梁を架け替えねばなりません。対象とする土地の状況に合わせて、このような方法を組み合わせた河川工事が全国で行われていますが、図-1.2.1に例示したように『日暮れて途遠し』の感があります。

● 河道断面の増加方法 [図-1.3.3]

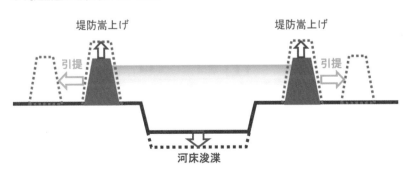

## 流域治水の本質

　先に述べたように、地球温暖化によって降雨量や洪水流量の増大が予想されています。そこで国交省は、より大きな降雨を対象とした治水計画を立てようとしています。ところで、従来の治水計画では過去に得られたデータから降雨の確率統計的性質を推定し、目標治水安全度に対応する降雨を定めていました。しかし「将来の降雨」についてはどのように決めたらいいのでしょう。

　現在考えられている方法は気象シミュレーションです。IPCCが提示している気候変動シナリオに基づき、スーパーコンピュータを用いて広域の気象を数値シミュレーションします。計算条件を変化させることにより異なった結果が得られますが、それらから将来の降雨の確率統計的性質を推定します。表-1.1.2

（101ページ）に示した数値は現在までの暫定的計算の結果です。

　しかし、気象シミュレーションの精度向上は不確定であり、加えてシミュレーションの前提となる気候変動シナリオも明確ではありません。図-1.1.3（101ページ）にあるRCP2.6やRCP8.5はIPCCが仮定している気候変動シナリオの中の極端なものであり、実際は他にも何種類か想定されています。つまり「起きてみないとわからない」ということです。

　より大きな問題は、仮に洪水規模が1.2倍に増大することが確定したとしても、それに対応して河道を大きくできるかということです。現在の治水計画でも完成するのは相当先のことですから、より大きな洪水を対象として計画を立てても『絵に描いた餅』になる恐れがあるでしょ

● 流域の概念図
　　[図-1.4.1]

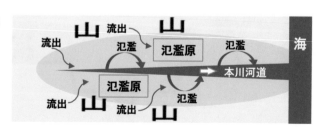

う。そのような状況を踏まえると、「河川氾濫が生じても、被害を抑える方策」を考えることが現実的です。つまり治水計画を根本的に考え直す必要があるわけで、それが流域治水プロジェクトなのです。

　流域の概念図を図-1.4.1に示します。「流域」は、降水が山から海まで流れる地面の総体を指す言葉です。山地から流出する雨水は、沢や小川や支川を経て本川河道に集まりますが、大出水時には周辺に溢れながら流れます。その場所を「氾濫原」といいます。平地の少ない日本では、古来、多くの人が氾濫原で農耕を営んできました。図-1.4.2はその時代の河川断面のイメージで

す。洪水は河道から溢れて横に広がり、粗い土砂が河岸近くに堆積して自然堤防が発達し、背後の低地には栄養豊富な細かい土砂が沈積します。人間は自然堤防上に集落を形成し、背後の低地に水田を作りました。つまり当時の人々は河川氾濫とともに暮らしてきたと言えます。一方図-1.4.3は現在の河川断面のイメージです。堤防が高く築かれているので氾濫の頻度は少ないですが、洪水時に水面が上昇するので、ひとたび氾濫すれば大水害となります。したがって流域治水の本質は、昔のように「河川氾濫と共存する社会」を形成することとも言えるのです。

● 昔の河川断面の
　イメージ
　[図-1.4.2]

● 現在の河川断面の
　イメージ
　[図-1.4.3]

# 江戸時代の流域治水

江戸時代には大きな堤防が作れなかったので、洪水氾濫が現在よりも頻繁でした。そこで「河川氾濫を前提とした治水（つまり流域治水）」が行われていました。そこで、以下では江戸時代の治水を3例紹介します。

## 岡山の旭川の治水

岡山の旭川に百間川という放水路があります。その原型は17世紀に築かれました。図-2.1.1は17世紀に描かれた旭川東部絵図です。紺色の旭川は岡山城の外堀を兼ねるために湾曲しており、城下町でたびたび氾濫しました。そこで儒学者の熊沢蕃山が瀬戸内海に洪水を流す放水路を提案し、その後、土木技術者が設計し建設しました。黒線で示す位置に堤防を造って流路とし、3種類の堰を設置しました。赤で示す第一堰は土で造られており、

● 旭川東部絵図と百間川の構造 [図-2.1.1]

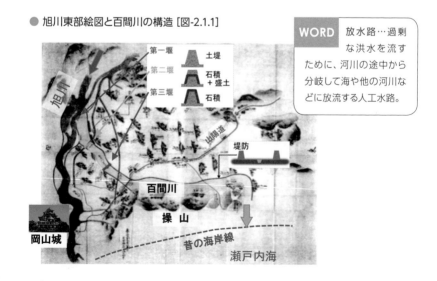

WORD　放水路…過剰な洪水を流すために、河川の途中から分岐して海や他の河川などに放流する人工水路。

緑で示す第二堰は石積の上に土を盛った構造、青で示す第三堰は石積でした。

　数値シミュレーションによる研究から、3つの堰が次のように機能していたと推測されました。旭川の水位が第一堰より高くなると越流し、土堤である第一堰はすぐに崩れて、洪水の一部が百間川に流入し、城下町への洪水量は減少します。これが洪水調節の第一段階です（図-2.1.2）。さらに大きな洪水では、第二堰と第三堰の間で洪水が東側の堤防を越えて水田地帯に溢れ出し、城下町への洪水量が抑制されます。これが洪水調節の第二段階です（図-2.1.3）。百間川が築かれる前の城下町の水害頻度は6.1年に一回でしたが、第一段階の洪水調節により8.7年に一回となり、第二段階の洪水調節で12.2年に一回となりました。つまり洪水氾濫を城下町から東部農村に移すことによって城下町の治水安全度を向上させたと言えます。

　東部農村の人たちは堤防の強化を願い出ましたが、藩はそれを認めず、代わりに租税を安くしました。

百間川が築かれた17世紀の日本は、商業と工業が急速に発展し経済上重要となった時代でした。百間川による水害の移転は、東部農村の農業と城下町の商工業を秤にかけた治水行政であったと考えられます。この例に見られるように、洪水氾濫を前提として、水害をどのように分散するのがよいか、を考えるのが流域治水のポイントであると言えます。

● 第一段階の洪水調節 [図-2.1.2]

● 第二段階の洪水調節 [図-2.1.3]

## 江戸の隅田川の治水

　次に江戸下町の治水について紹介します。図-2.2.1は明治前期に作成された日本で最初の近代的地図です。中央左に隅田川が流れ、江戸湊（現在の東京港）に流入しています。隅田川の河岸は当時の日本経済の中心でした。図の中央右寄りに中川が流れており、北から流れる綾瀬川は、運河で隅田川と中川に接続していました。なお隅田川の上流は荒川です。現在の荒川は隅田川から分離されて中川と合体する新たな河道（荒川放水路）になっていますが、昭和以前には隅田川が荒川の本流でした。

　図-2.2.2は安政江戸図という江戸時代末期に描かれた絵図の一部で、左図の赤四角で囲った部分に対応します。オレンジ部分は水田、赤色部分は社寺、灰色は市街地です。漏斗状に3本の堤防があります。このうち日本堤は陸上にあり、荒川の洪水から浅草の繁華街を守っていました。しかし高さは3mしかなく、現在の荒川の堤防よりずっと小さかったです。しかし実は、日本堤は「流域治水」の要となる堤防でした。

● 迅速測図 (1886) [図-2.2.1]

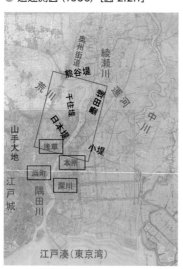

奥州街道
綾瀬川
龍谷堤
荒川
千住堤
運河
中川
墨田堤
山手大地
日本堤
浅草
小堤
本所
浜町
江戸城
深川
隅田川
江戸湊（東京湾）

● 安政江戸図 (1859) [図-2.2.2]

荒川
綾瀬川
千住堤
日本堤
墨田堤
浅草寺
隅田川

図-2.2.3は氾濫シミュレーション
の結果です。河川を赤線で、堤防を
黒線で、土地条件を黄色で記入して
います。氾濫域と氾濫水深が変化す
る様子を色別で表しています。①増
水期には上流で氾濫が始まり、徐々
に下流に広がっていきます。②大き
く湾曲する部分では、隅田川と綾瀬
川がつながっているので、氾濫流は
綾瀬川を通って北側と東側の水田地
帯に入っていきます。③洪水ピーク
時には、南側への氾濫を日本堤が
遮断するため、氾濫域は北側と東側
にさらに広がり、④減水期には中川
を通って東京湾に排水されます。

　現在の堤防は「河川を氾濫させな
い」ためにありますが、日本堤を含
む当時の治水施設は「氾濫水の流
向を変えて、水田地帯の広い範囲
に薄く氾濫させる」ためにあったの
です。町と比較して水田は浸水して
も被害が少なくてすみます。また氾
濫域を広げるほど浸水深が小さくな
るので被害は少なくなります。洪水
流に真正面から当たるのではなく、
流向を変化させて洪水を薄く広げる
のであれが、小さな堤防でも可能
だったわけです。

● 氾濫シミュレーション　[図-2.2.3]

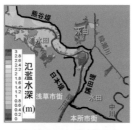

① 洪水初期

③ 洪水
　ピーク時

② 増水期

④ 減水初期

## 富山の黒部川の治水

黒部川は3,000m級の北アルプスに水源を持つ急流河川で、黒部峡谷から流れ出た後に広大な黒部川扇状地を形成しています。扇状地とは、河川の流路が左右に首を振るように移動して土砂を扇型に堆積させた土地のことです。写真は日本海側から上流に向かって撮られています。図-2.3.1は扇状地の等高線図です。黒部川扇状地の半径は約13km、地形勾配は1/100です。水色の帯は旧河道(昔の川の跡)です。図-2.3.2は18世紀に描かれた絵図ですが、昔はこのように流路が複雑に分かれており、黒部川扇状地は北陸道(江戸時代の日本海沿いの街道)の難所の一つでした。

19世紀になると治水工事によって河道が一つにまとめられました。図-2.3.1に示しているように堤防は切れ切れになっていますが、このような堤防を「霞堤」と呼びます。急流河川では洪水の力が大きいので、連続した堤防で洪水を抑え込も

● 天明絵図 (1785)　　[図-2.3.2]

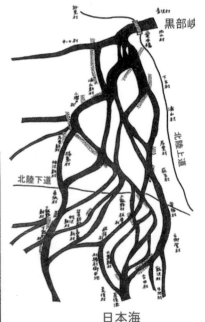

● 黒部川扇状地 (日本海から撮影)

うとすると却って危険です。扇状地における江戸時代の堤防の多くは霞堤でした。

　数値シミュレーションによる研究の結果、大洪水の時には図中の矢印のように流れていたと推測されました。上流の堤防の切れ目から緑の矢印のように氾濫して旧河道に流れ込み、本流よりゆっくり流下します。減水時には氾濫流の一部が下流の堤防の切れ目から河道に戻ります。このように、流量に応じて川幅が広がるように堤防を設計したわけです。また、氾濫する場所を固定することにより、氾濫水を安全に流すことが可能になるのです。

　このように、氾濫原上での氾濫水の流路を適正に設定することが「流域治水の極意」であると言えるでしょう。

● 黒部川扇状地の等高線図 [図-2.3.1]

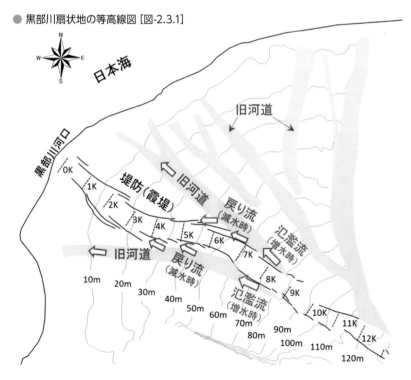

# 氾濫原の流れを考える

図-1.4.1、図-1.4.2（106、107ページ）に示したように、自然の川は大出水時に溢れながら流れます。つまり洪水時には氾濫原も河川の一部になると考えなければなりません。この『自然の理』を無視した治水計画は、大出水時に水害を拡大する恐れが高いのです。そこで江戸時代には、洪水を氾濫原に上手に広げて流す方法を考えました。ところが現代の治水は、図-1.4.3（107ページ）に示したように堤防の間だけが川だとして、氾濫原における洪水の流れ方を全く考えてきませんでした。それが水害を激化させる一因になっています。

そこで以下では、最近の2つの水害を例にして、氾濫原の流れを考えることの重要性を示したいと思います。

---

**WORD** 治水地形分離図…地治水対策に利用することを目的に、一級河川沿いの土地を対象として、地形分類および堤防などの河川工作物等を表示している地図。

---

## 2015年の鬼怒川水害

2015年9月の関東東北豪雨により鬼怒川の堤防が決壊し、茨城県常総市の約1/3が浸水しました。日最大51台のポンプ車を投入したにも関わらず、排水完了まで1週間以上もかかりました。このように浸水が長期化した原因は、氾濫原の地形的特徴にありました。

図-3.1.1(a)に被災区域の治水地形分類図を示します。右上に凡例を示しています。西側に鬼怒川、東側に小貝川が南に向かって流れており、その間の2km幅が氾濫原です。図中の点線A-A'、B-B'、C-C'に沿った横断地形を図(b)に示しています。氾濫原と両河川の間が比高2m程度の微高地（自然堤防）となっていることがわかります。多くの集落は自然堤防上にあることから昔は冠水することが比較的稀であったと思われます。なお鬼怒川の青の×印は洪水が堤防を越水した地点、赤い×印は堤防が決壊した地点を示しています。図(c)は浸水区域と浸

水家屋の分布で、範囲は図(a)に点線の矩形で示しています。図(a)の南端で小貝川が氾濫原を横切っているため、斜線矢印から南へは氾濫水が流れられなくなっています。そのため氾濫水深が増加して微高地上の家屋まで浸水し、また排水完了まで長期間を要しました。

● 鬼怒川と小貝川の氾濫原 [図-3.1.1]

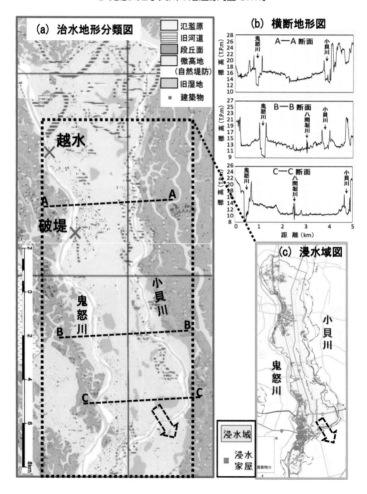

図-3.1.2(a)に広域の治水地形分類図を示します。左上の四角が図-3.1.1(a)（115ページ）の範囲に対応しています。氾濫原地形（鬼怒川低地）が霞ケ浦の近くまで連続していることがわかります。江戸時代初期の舟運開発のために鬼怒川と小貝川は分離されたのですが、その後も大出水の際には両河川の洪水が低地全体に広がり利根川に排水されていたと考えられます。しかし、小貝川堤防が図-3.1.2(c)のように増強整備されるとともに、氾濫原が完全に分離され、上流側は閉鎖性の窪地となりました。

このような「行き止まりの氾濫原」では氾濫水の排水先の確保が重要になります。一つの有効な手段として図-3.1.2(b)に示す伏せ越し（逆サイホン）があります。これにより川の下を通して反対側に氾濫水を送ることができます。

この種の施設の好例は宮城県を流れる吉田川に戦前に建設された吉田川サイホンです。また江戸時代に熊本県で築造された通潤橋は逆サイホンの原理を用いた送水施設です。現代の施工技術によれば、より大型の逆サイホンも建設可能です。問題は、治水を担当する河川管理者が、氾濫した場合の備えを考えていないことにあるのです。従来の治水から流域治水への転換にあたり、河川管理者の意識改革が必要であると思われます。

● 通潤橋
　（熊本県上益城郡）

写真：PIXTA

● 鬼怒川低地の連続性 [図-3.1.2]

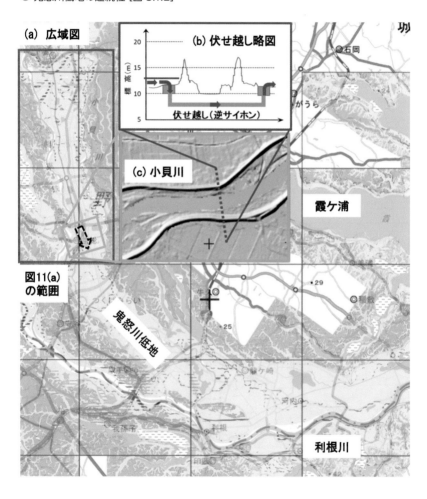

(a) 広域図

(b) 伏せ越し略図

標高 (m)

20

15

10

5

伏せ越し(逆サイホン)

(c) 小貝川

石岡

がうら

霞ケ浦

図11(a)
の範囲

鬼怒川低地

29

25

河内

利根

利根川

## 2020年の球磨川水害

　2020年7月の球磨川出水では中流部にある人吉で大きな水害が生じました。下流の球磨峡谷で河川が狭められて水位が上昇するので、人吉盆地は過去にも水害に見舞われてきましたが、2020年出水での水位上昇は特に大きかったです。図-3.2.1は、過去に最大であった1965年出水（氾濫戻し流量は5,700㎥/s）と2020年出水（同8,000㎥/s）での浸水域の比較です。出水規模は2020年が遥かに大きかったにもかかわらず、上流の浸水域は1965年より大幅に縮小しています。つまり、以前は上流で氾濫していた水量が、2020年出水では氾濫せずに流下し、人吉付近の水位を上昇させた可能性があるのです。

● 1965年と2020年の浸水域の比較 [図-3.2.1]

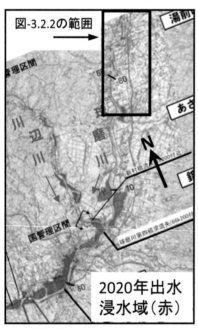

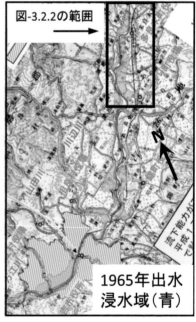

図-3.2.2に上流地区の治水地形分類図を凡例とともに示します。その範囲は図-3.2.1の上に矩形で記入してあります。1965年の浸水域が治水地形分類図の氾濫原に概ね対応していることがわかります。氾濫原の左側は比較的急峻な山地です。一方、右側は段丘面となっており、国道と鉄道に沿って集落が細長く形成されています。また、氾濫原には多数の旧河道があり、人家は少ないことがわかります。

● 上流地区の治水地形分類図
　[図-3.2.2]

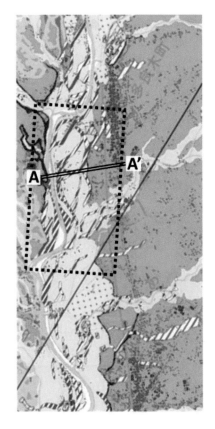

| | 氾濫原 |
| | 旧河道 |
| | 段丘面 |
| | 山地 |
| | 河道 |
| | 家屋 |
| A━A' | 図-3.2.3 の測線 |
| | 図-3.2.4 の範囲 |

図-3.2.3には、図-3.2.2の A=A' 測線での横断地形を示しています。段丘面と氾濫原は約1/160の勾配で球磨川に向かって下っていますが、段丘崖の高さは小さく、もともとは一つの斜面であったものが球磨川の浸食堆積作用で分離したと思われます。人々は洪水の影響を受けない段丘面上に古くから居住し、江戸時代から農地開発を行っていました。

　一方、氾濫原の農地開発は1965年出水以降に進展しました。図-3.2.4に1968年と1976年の航空写真を示します。写真の範囲は図-3.2.2に点線の四角で示しています。1968年には大規模な圃場整備が始められ、堤防建設も始まっていたことがわかります。その結果、1976年の写真に見られるように一面の美田が出現し、また浸水問題も解決されました。しかし同時に氾濫原が有していた遊水機能が失われ、下流への洪水量が増大したのです。

　したがって今後の治水事業では、上流域の遊水機能を復活させる必要があります。それにより洪水の規模を減少できるからです。

　そこで現在「田んぼダム」に関す

● 氾濫原と段丘面の横断地形 [図-3.2.3]

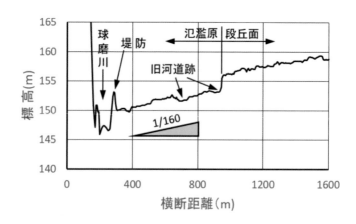

る研究が行われています。日本人の主食はコメですから、日本の河川沿いには水田が広がっています。そこで降水の一部を水田に貯留することにより河川への洪水流出量を減少させることが可能です。また河川から洪水の一部を水田に導き、洪水ピーク流量を減少させることも可能です。後者は104ページで述べた遊水地と基本的に同じですが、そ

れを多数の小規模な水田でも行うのが田んぼダムです。

以上のように、氾濫原における洪水の流れ方を考えることにより、水害を軽減できる可能性があります。従来の治水から流域治水への転換にあたり、河川管理者の視野を、堤防の間の空間から、氾濫原を含めた広い空間に広げていくことが必要であると思われます。

● 1968年と1976年の航空写真 [図-3.2.4]

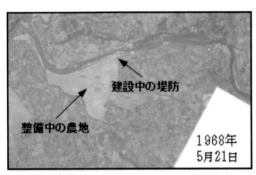

建設中の堤防

整備中の農地

1968年
5月21日

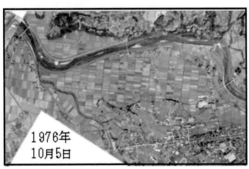

1976年
10月5日

# 自然の理に基づく社会的合意

　自然河川の幅は流量の大小によって変化するものですが、現代人はそのことを忘れています。そして河川が氾濫すると「災害」と言います。確かに人間の側から見れば災害ですが、"河川の側からすれば"ときどき氾濫するのは自然の理に即していることなのです。地球温暖化によって人間が気候を変えれば、河川の氾濫頻度が増加するのも自然なことなのです。

　そこで「河川氾濫＝災害」と言わずに、「河川の自然性を尊重した暮らし方」を考えるべきだと思います。現在は人間社会の圧力によって河川は堤防の間の狭い空間に押し込められていますが、時々は河川も手足を伸ばしたくなるでしょう。従来の治水は、それを許そうとしませんでした。しかし今後は、河川が手足を伸ばしても（つまり河川氾濫が生じても）大丈夫なように、人間社会の側も考えなければなりません。それが流域治水の本質であると言えます。

　流域治水対策の基本は氾濫の集中を避けることです。氾濫域が広がって浸水深が30センチメートルに収まれば、被害はほとんど生じません。しかし氾濫水が狭い範囲に集中して1メートルになれば大きな被害を生じます。また、氾濫流の流速によっても被害は異なります。そこで、自然の理に則して河川氾濫を上手に分散することが重要ですが、分散のさせ方については社会的合意が必要になります。つまり流域治水では、自然の理に基づく社会的合意が重要な要素になるのです。

## 流域治水の基本

★「氾濫させない」のではなく、「氾濫の集中を避ける（氾濫アロケーション／allocation: 分配）」が流域治水の基本。
★河川氾濫の分散のさせ方については、自然の理に基づく社会的合意が重要。

# 温故知新

江戸時代の治水は流域治水であったと言えます。当時の土木工事は全て人力であり、大きな堤防を築くことは困難でした。ですから氾濫を許容する治水しかできなかったとも言えます。また封建社会でしたから、全員が賛成しなくとも治水事業を進めることは可能でした。

しかし当時の治水施設の機能を数値シミュレーションで調べたところでは、洪水流をかなり合理的にコントロールしていたと言えます。また水害を受ける農民に対して租税を免除するなど、藩政府は社会的合意を得るための努力をしていました。

江戸時代には河川氾濫が頻繁であったからこそ、人々が水害に対して共通の認識を持ち、共同体として有効な選択をしていた可能性があると私は思います。一方、個人主義の発達した現代社会では、共通の問題として治水を考える機会が失われています。また、人間社会の都合を優先し、河川は時々氾濫するという「自然の理」を考えないようになりました。流域治水という施策を実行するには、それらに対しての反省が必要でしょう。江戸時代の治水の再評価は、この点において意義のあるものだと私は考えています。

## 石川 忠晴 (いしかわ ただはる)

1973年東京工業大学工学部土木工学科卒業。1978年大学院博士課程終了後、建設省土木研究所ダム部および河川部研究員を経て1983年に東京工業大学工学部助教授。1990年東北大学工学部助教授・教授を経て1993年東京工業大学大学院総合理工学研究科教授。その間、1986年マサチューセッツ工科大学客員研究員、2007年中国赴日国留学生予備教育専門教師団団長、2013-2015年中国東北師範大学東師学者講座教授、2016年から東京工業大学名誉教授、2018年から中国北京師範大学客座教授。専門は環境水理学、環境計画。

# 自然災害に関する防災ガイド

## 事前準備

災害が発生する前に、各省庁や市区町村が発表している情報を調べて、備えておきましょう。

| | 地震・津波 | 集中豪雨・洪水・土砂災害 |
|---|---|---|
| **防災情報の確認** | ○内閣府防災情報のページ「みんなで減災」<br>○国土交通省 防災情報提供センター<br>○気象庁「雨雲レーダーアプリ」<br>○NHKニュース・防災アプリ　など | |
| **ハザードマップの確認** | ○国土交通省<br>　「知りたい！地震へのそなえ」<br>○市区町村のホームページ | ○国土交通省<br>　「ハザードマップポータルサイト」<br>○気象庁「キキクル」（危険度分布）<br>○市区町村のホームページ<br>○洪水や土砂災害の起こりそうな<br>　場所を実施に確認 |
| **避難所の確認など** | ○市区町村のホームページや役所で地図を入手<br>○実際に、家から避難所まで歩いてみる<br>○安否確認アプリなどの準備 | |
| **住居など** | ○家具の転倒防止<br>○出入り口の確保 | ○屋根や窓の補強など |
| **避難用防災用品など** | ○非常持ち出し袋<br>○停電用ライト、ラジオ、スマートフォンの充電器、ポリタンクなど<br>○飲料水、食料など | |

# 災害が迫った時・災害発生時

　災害が迫ったり、発生したりした場合には、各省庁や市区町村が発表する情報に従って、命を守る行動をとりましょう。

| | 地震・津波 | 集中豪雨・洪水・土砂災害 |
|---|---|---|
| 注意報・警報など | ○気象庁「緊急地震速報」<br>　…震度5以上が予測された<br>　　時に発表<br><br>↓<br><br>○「震度速報」<br>　…震度3以上で発表<br><br>↓<br><br>○津波のおそれがある場合、<br>　「津波注意報」「津波警報」を<br>　発表 | ○気象庁「大雨注意報」<br>　「氾濫注意報」等を発表<br><br>↓<br><br>○「大雨警報」「洪水警報」<br>　「氾濫警戒情報」等を発表<br><br>↓<br><br>○「土砂災害警戒情報」<br>　「氾濫危険情報」等を発表<br>　…ここまでに必ず避難 |
| 警戒レベルと避難行動 | ○災害発生の危険度<br>　・警戒レベル1…心構えを高める（気象庁発表）<br>　・警戒レベル2…避難行動の確認（気象庁発表）<br>　・警戒レベル3…高齢者等、避難に時間を要する人は<br>　　　　　　　　　避難開始（市町村が発令）<br>　・警戒レベル4…安全な場所へ全員避難<br>　　　　　　　　　（避難指示を市町村が発令）<br>　※ここまでに必ず避難<br>　・警戒レベル5…命を守る行動を<br>　　　　　　　　　（すでに災害が発生している状況） | |

## 製作・協力

■特別監修

認定NPO法人かわさき市民アカデミー学長
東京大学名誉教授　　　　　　　　　　　　　太田猛彦

公益財団法人東京応化科学技術振興財団理事長
東京理科大学栄誉教授　　　　　　　　　　　藤嶋　昭

■協力

東京大学名誉教授　　太田猛彦
東京大学名誉教授　　平田　直
東京大学大学院教授　熊谷朝臣
東京工業大学名誉教授　石川忠晴

認定NPO法人かわさき市民アカデミー
公益財団法人東京応化科学技術振興財団

■写真・イラスト

太田猛彦／平田　直／熊谷朝臣／石川忠晴／黒木　博／アジア航測株式会社／
株式会社パスコ／アマナイメージズ／PPS通信社　山田智基／PIXTA／
Shutterstock／鳥飼規世／ふらんそわ～ず吉本

■デザイン

エルジェ　村上ゆみ子

■編集委員会

編集委員長　岩科季治（東京応化科学技術振興財団）
編集委員　　阿部秀一（かわさき市民アカデミー）
　　　　　　中澤晶人（かわさき市民アカデミー）
　　　　　　千田智子（かわさき市民アカデミー）
　　　　　　葉倉朋子（かわさき市民アカデミー）
　　　　　　湊　光朗（東京応化科学技術振興財団）
　　　　　　高木秀夫（東京応化科学技術振興財団）
　　　　　　中村敦志（東京応化科学技術振興財団）
　　　　　　佐藤　勲（東京応化科学技術振興財団）
　　　　　　松本義弘（有限会社オフィス・イディオム）
　　　　　　松下　清（株式会社学研プラス）

## 新しい科学の世界へ ❸
# 自然災害
### そのメカニズムに学ぶ

2021年10月12日　　初版第1刷発行

| | |
|---|---|
| 発行人 | 代田雪絵 |
| 編集人 | 吉野敏弘 |
| 編集担当 | 松下　清 |
| 発行所 | 株式会社学研プラス |
| | 〒141-8415　東京都品川区西五反田2-11-8 |
| 印刷所 | 大日本印刷株式会社 |

© Gakken

●この本に関する各種お問い合わせ先
　本の内容については、下記サイトのお問い合わせフォームよりお願いします。
　　　　　　　　　　　　　　　　https://gakken-plus.co.jp/contact/
　在庫については　　　　　　　　Tel 03-6431-1201 (販売部)
　不良品 (落丁、乱丁) については　Tel 0570-000577
　　　　　　　　　　　　　　　　学研業務センター
　　　　　　　　　　　　　　　　〒354-0045
　　　　　　　　　　　　　　　　埼玉県入間郡三芳町上富279-1
　上記以外のお問い合わせは　　　Tel 0570-056-710 (学研グループ総合案内)

学研の書籍・雑誌についての新刊情報・詳細情報は、下記をご覧ください。
学研出版サイト　https://hon.gakken.jp/

# 「新しい科学の世界へ③」について

編集委員長：岩科 季治（東京応化科学技術振興財団）

東京応化科学技術振興財団は、科学教育の普及啓発活動を行う数ある助成団体のなかでも、市民向けに生涯学習活動を積極的に進めてきている「かわさき市民アカデミー」と、一般市民向けの貴重な講義内容を青少年向けにわかりやすくした「新しい科学の世界へ」の編集を行ってきました。

編集方針を協議するなかで、出版会社はもとより、やはり市民アカデミーと財団それぞれが持つノウハウを応用することが肝要であるとして、両団体から数名ずつを選任しチームとして編集に携わることとしました。

そのうち、ご講演いただく先生方の特色等、特に講義内容をしっかり自分のものとして編集に活かすことが肝要であるとして、編集員自らが講座に参加しております。

『自然災害　そのメカニズムに学ぶ』では、近年猛威を振るっている自然災害の話題を取り上げましたが、まずは、昔から言われている"災害は忘れたころにやってくる"を、改めて心に留めることが肝要でしょう。

この本を手にした若者が一人でも多く興味を持ち、科学に目覚めてもらえたら編集者としても誠に幸甚であります。

2021 年 9 月